Ingo Vogel
Das Lust-Prinzip

Ingo Vogel

Das Lust-Prinzip

Emotionen als Karrierefaktor

GABAL

Bibliografische Information der Deutschen Bibliothek

Die Deutsche Nationalbibliothek verzeichnet diese Publikation in der Deutschen Nationalbibliografie; detaillierte bibliografische Daten sind im Internet über http://dnb.d-nb.de abrufbar.

ISBN 978-3-89749-790-0

Lektorat: Dr. Sonja Ulrike Klug | www.buchbetreuung-klug.com
Umschlaggestaltung: Martin Zech, Bremen | www.martinzech.de
Satz und Layout: Das Herstellungsbüro, Hamburg | www.buch-herstellungsbuero.de
Druck und Bindung: Aalexx Druck, Großburgwedel

www.gabal-verlag.de
Abonnieren Sie unseren Newsletter unter:
newsletter@gabal-verlag.de

Inhaltsverzeichnis

Vorwort 7

Step 1: Das Fundament

1. Aller Anfang ist leicht

Die schönste Zeit Ihres Lebens **15**

Die Macht der Verführung **16**

Machen Sie Lust auf mehr … **18**

Emotionen sind das A und O **20**

Sie reden immer – auch wenn Sie nichts sagen **23**

2. Das Lust-Fundament

Lust oder Last(er)? **25**

Die drei entscheidenden Fragen **27**

Mehr Lust durch klare Ziele **30**

Die 13 typischen Lust-Killer **33**

3. Die Lust-Faktoren

Die Lust wecken **35**

Das Lust-Menü **36**

Step 2: Das PowerSprache-System

4. Mehr Lust mit System

Mit Worten (ver-)führen! **61**

Die elf goldenen Spielregeln **62**

Das Ziel: Ihr Weg zum PowerSprache-Champion **87**

5. Stufe I: Die PowerSprache-Basics
Die persönliche Performance zählt! **89**
So werden Sie Ihr eigener Gefühlsmanager **90**
Das Glücksquadrat: Gute Gefühle, selbst gemacht **92**
Emotionale PowerSprache als Erfolgsfaktor **99**
Reden kann jeder, aber kaum einer weiß, wie er spricht **110**

6. Stufe II: Der PowerSprache-Profi
Glücksquadrat deluxe: Gute Gefühle auf Knopfdruck **117**
Der Erfolgskreislauf: Überzeugungskraft mit System **119**
PowerSprache II: Das Wie als Erfolgsfaktor **121**
Entdecken Sie drei mächtige PowerSprache-Tools **135**
Das Dream-Team: Nutzensprache und Magic Words **147**

7. Stufe III: Der PowerSprache-Champion
Das Glücksquadrat für Champions: Mehr als gute Gefühle **149**
Fit für den Augenblick: Die richtige Emotion zählt! **151**
Der Erfolgskreislauf II: Nahrung für echte Champions **154**
PowerSprache III: Geheime Botschaften entschlüsseln **162**
Das Lust-Prinzip: Die sieben emotionalen Big Points **173**

Step 3: Das Lust-Prinzip im Alltag

8. Mit Lust gut drauf sein, wenn es darauf ankommt
Smalltalk, der Türöffner **177**
Schlagfertigkeit – nie wieder sprachlos **180**
Attracting: Gut ankommen **184**
Kunden ein Erlebnis verkaufen **189**
Die Angst vor dem Abschluss **193**

Nachwort: Am Ende bleibt die Lust 201
Literaturempfehlungen 203
Stichwortverzeichnis 204
Über den Autor 207

Vorwort

Dieses Buch soll Ihr Leben verändern! Nicht dieses Buch, Sie selbst werden es tun. Durch neues Können anstatt nur durch zusätzliches Wissen – und zwar, indem Sie die Ursache für Ihren Erfolg und für Ihre Lebensqualität erkennen: Emotionen! Diese sind es, die unser Verhalten steuern!

Ihre neue Lust, Leidenschaft und Überzeugungskraft werden es sein, die Ihnen guttun, Ihr Erleben und Verhalten neu, anders – auf jeden Fall bewusster, positiv-gezielter – ausrichten. Das Buch kann auf Sie wirken wie eine richtig gute Medizin. Denn eines steht fest: Sie erleben viele tolle Nebenwirkungen, und zwar ausschließlich positive.

> **Eine zentrale Botschaft begleitet Sie durch dieses spannende Buch: Ihre Emotionen sind das A und O – der sehr bewusste und positiv-aktive Umgang damit hat viel zu tun mit herrlicher Lebensqualität und wertvoller Souveränität in allen Lebenslagen.**

Emotion pur

In diesem Buch geht es um etwas ganz besonders Wertvolles, das Sie kennen und nutzen – nur eben nicht immer so, dass es für Sie die besten Erlebnisse und Ergebnisse bringt. Es geht um *Emotion pur* – Ihre Gefühle und die anderer Menschen, von denen Sie etwas wollen, mit denen Sie gemeinsam planen oder die Sie einfach wertschätzen. Sobald Sie dieses Buch mehr als nur lesen

– also genießen, erleben und praktisch nutzen –, sind Sie auf dem besten Weg, auch in Ihrem privaten und beruflichen Leben mehr von diesem für alle so wohltuenden Lebens- und Erfolgselixier zu versprühen.

Erfolg im Handeln

Stopp! Jetzt kommt das Wichtigste für Sie. Alles, worum es hier geht, ist tatsächlich ganz einfach! So einfach, dass Sie es nur aktiv zu tun brauchen. Es gibt kein großes Geheimnis, das Sie entschlüsseln, kein kompliziertes Rätsel, das Sie lösen müssen. Ihr sofortiger Erfolg liegt allein im Handeln. Denken Sie bitte daran: Übung macht gerade hier den Meister. Vollziehen Sie das Gelesene bitte sofort praktisch nach, probieren Sie die empfohlenen Schritte spontan in Ihrem Leben aus – denn es gibt keinen Grund abzuwarten.

Es ist so wie in Ihrem bisherigen Leben: Sie tun wahrscheinlich oft das, was Ihnen Spaß macht – weil es Ihnen leichtfällt, weil Sie es können, weil Sie es oft probiert haben, weil Sie einmal damit angefangen und sich so richtig engagiert haben. Genau dies empfehle ich Ihnen, auch hier zu tun. Wenn Sie einmal die emotionale Maschine angeworfen, Ihr »Glücksquadrat« aktiviert haben, werden Sie immer mehr Lust darauf bekommen, es ständig anwenden und die vielen damit einhergehenden persönlichen Erfolgserlebnisse genießen wollen. Denn diese sind der wohl stärkste Motivator und Rückenwind, der uns zu neuen Taten anspornt!

Innere Einstellung

Sie sehen: Alles hängt von Ihrer inneren Einstellung ab, Ihrer Lust auf dieses Buch, auf neue Ideen, Impulse und: Emotionen! Und wissen Sie: Es wird Ihnen richtig leichtfallen. Denn jeder Schritt, jeder einzelne Impuls in diesem Buch, ist für Sie leicht nachvollziehbar. Lassen Sie sich bitte von niemandem etwas anderes erzählen. Denken Sie daran: Es gibt nichts Kompliziertes, es gibt nur kompliziert denkende Menschen! Die Hauptaufgabe dieses Buches ist es, Sie mit einer Ihnen bekannten »emotionalen Zauberformel« wieder richtig vertraut zu machen – und dies geschieht, während Sie das Buch durchleben.

Kommen wir zur entscheidenden Frage: Warum sollten Sie dieses Buch lesen? Ganz einfach: Vier Highlights erwarten Sie:

Das Lust-Prinzip – was Sie erleben werden

- *Das Lust-Fundament:* Hier geht es um eine wichtige Bestandsaufnahme, Ihren aktuellen Status quo: Antworten auf entscheidende Fragen wie »Lebe ich wirklich mein Leben?« oder »Habe ich den Beruf, der wirklich zu mir passt?« Danach entlarven wir typische Lust-Killer – diese sollten Sie ab sofort im Auge behalten. Beides zusammen ist das Fundament Ihrer neuen Emotionalität, die Basis für das Folgende.
- *Die Lust-Faktoren:* Auch Lust, Begeisterung und Leidenschaft benötigen die richtige Nahrung, wertvollen Treibstoff, und zwar die Lust-Faktoren! Gemeint sind Ihre Ideen, Ihre innere Einstellung, Ihr aktives Handeln – alles zusammen das Lust fördernde Verhalten, mit dem Sie Ihre Emotionen in die richtige Richtung ausrichten und trainieren. Denn erst dann sind Sie wirklich gut gerüstet und bereit dafür.
- *Mehr Lust mit System:* Stimmt Ihr Selbstbild, werden die Lust-Faktoren gelebt, dann fällt Ihnen auch der nächste Schritt leicht: positive Emotionen jederzeit spontan zu aktivieren und ganz gezielt zu verstärken, in Ihnen und in anderen! Das PowerSprache-System® gibt Ihnen hierfür die besten Tools an die Hand, erstmalig, nach zehnjähriger Erfahrung, für den optimalen Praxis-Transfer in die Know-how-Stufen »Basics, Profi und Champion« gegliedert.
- *Mit Lust gut drauf sein, wenn es darauf ankommt:* Sie erfahren, wie Sie das Lust-Prinzip in typischen Alltagssituationen anwenden: vom Smalltalk, über Schlagfertigkeit bis zur Angst vor dem Verkaufsabschluss.

Die Lust-Frage

Die Entscheidung, genau dieses Buch zu schreiben, wurde mir leicht gemacht. Wie bereits bei meinen drei vorherigen Büchern brauchte ich einfach nur aufzugreifen, was meine Seminarteilnehmer am meisten bewegte, wo der Schuh am stärksten drückte. Also sammelte ich seit 2003 meine ganz persönlichen Eindrücke und die unzähligen kleinen Kärtchen, auf denen die Teilnehmer gleich zu Beginn des Seminars ihre drei wichtigsten Wünsche bzw. Ziele notieren dürfen.

Das Ergebnis war eindeutig: Manchmal klipp und klar, oft auch nur zwischen den Zeilen herauszulesen, waren es immer wieder emotionale Themen, die diese Menschen beschäftigten. Und das spiegelte genau meine persönlichen Eindrücke und Erfahrungen wider: Gerade hier, nämlich sobald es um Situationen, Aktionen oder Reaktionen geht, die mit den eigenen Emotionen in Verbindung stehen, haben viele Menschen Schwierigkeiten, sind unsicher, von den eigenen Gefühlen überrumpelt, oft einfach handlungsunfähig.

Oft verhindert fehlende emotionale Kompetenz den Erfolg des Ganzen und die Fachkompetenz gerät ins Zwielicht. Die Betreffenden sind erstaunt bis erschüttert, wie schlecht sie bei anderen ankommen und wie negativ ihr wohlgemeintes Verhalten bewertet wird. Ganz nach dem Motto: Gut gemeint, aber einfach schlecht gemacht. So kam es zu diesem Buch.

Positiver Ansatz

Das Lust-Prinzip konzentriert sich ausschließlich auf den positiven, nicht therapeutischen Ansatz. Hier geht es darum, das bereits Vorhandene in Ihnen zu wecken, bewusst zu machen und zu verstärken – mit dem konkreten Ziel, die Anzahl Ihrer persönlichen Erfolgserlebnisse zu erhöhen und Ihre Lebensqualität insgesamt deutlich zu steigern.

Wie klar sehen Sie dieses Ziel gerade vor Augen – wie gut fühlt sich diese Perspektive für Sie an? Sehen Sie Bilder, hören Sie etwas oder fühlen Sie einfach? Vielleicht merken Sie schon jetzt, welche Sinne bei Ihnen vorherrschend sind. Stellen Sie sich vor, Sie wüssten dies von Ihren Kunden, Mitarbeitern oder Lebenspartnern. Wie leicht wäre es für Sie dann plötzlich, in deren »Sprache« zu sprechen, sie zu neuen Aufgaben und Zielen zu motivieren oder sie einfach für sich zu gewinnen?

Der Verstand ist leider oft unser größter Gegner, will eben »verstehen«, will be- und verurteilen, klassifizieren in wichtig und unwichtig und verbaut uns so manche gute Chance. Wenn es wie hier um unsere guten Gefühle, um Lust, Leidenschaft und mehr geht, dürfen wir unseren Verstand ruhig einmal ganz bewusst abschalten – so wie damals, als Sie das erste Mal verliebt waren, es zum ersten Kuss kam: Sie erinnern sich … – an Bilder, Stimmen oder einfach Gefühle? Fest steht:

Mit Lust fällt alles viel leichter, macht mehr Spaß und Freude – uns selbst und anderen. Einzig und allein logisch ist daran die gerne gesehene Konsequenz: mehr Erfolg!

Genießen Sie jetzt die vielleicht schönste Lesezeit Ihres Lebens. Tauchen Sie ein in das Zauberreich der guten Gefühle, lassen Sie Ihre positiven Emotionen spielen, erkennen Sie die Erfolgserlebnisse, die jetzt zum Greifen nah vor Ihnen liegen.

Das wünsche ich Ihnen von Herzen!

Ihr Ingo Vogel

Step 1:
Das Fundament

1. Aller Anfang ist leicht

Die schönste Zeit Ihres Lebens

Das ist es – angenehm, wunderbar, wohltuend und kostbar! Es gehört Ihnen, für immer, niemand kann es Ihnen nehmen. Sehen Sie es auch so deutlich vor sich? Gut, Sie halten gerade dieses Buch in den Händen und lesen diese Worte ganz oben auf der neuen Seite. Lust auf ein kleines Experiment? Gut, dann halten Sie bitte kurz inne, schauen Sie auf und … was sehen Sie – sehen Sie es?

Der schönste Moment

Egal, was Sie jetzt gerade an Menschen, Farben, Formen, Stimmen und Geräuschen genau vor sich wahrnehmen – vielleicht können Sie auch sehen, was Sie damals gesehen haben, hören, was Sie an Stimmen und Geräuschen gehört haben, oder einfach dieses tolle, fantastische Gefühl empfinden, das Sie damit verbinden …

… mit dem schönsten Moment Ihres Lebens?

Ich meine mehr als die vielen Erfolgserlebnisse, angenehmen Situationen, intensiven Gespräche und geselligen Runden mit Ihren guten Freunden, in denen Sie sich wohlgefühlt haben:

Ich meine genau *diesen einen* Augenblick, die Zeit und den Ort, eben Ihre ganz spezielle Situation, in der Sie sich völlig anders gefühlt haben als sonst – einfach wunderbar, fantastisch –, so als könnten Sie einfach nur jubeln und Bäume ausreißen. Wie sieht das aus, wenn Sie jetzt daran denken? Was hören Sie alles – wie tief und intensiv prickelnd sind die starken Emotionen, die Sie dabei empfinden?

Die Macht der Verführung

Emotionen regieren die Welt! Sie bestimmen unser Leben, sind unsere Chance oder werden zu unserem Schicksal. Nichts motiviert Menschen so zum Handeln, auf kaum etwas reagieren wir so positiv oder abweisend wie auf Stimmungen und Gefühle – auf die eigenen wie die unserer Mitmenschen.

Verborgene Wünsche

Die Werbung und die Medien sind voll davon: von der Macht der Verführung! Schon lange geht es nicht mehr darum, was wir für den tagtäglichen Bedarf des Lebens wirklich brauchen, sondern um unsere verborgenen Wünsche, Träume und Sehnsüchte, die durch ganz gezielte Emotionen in uns geweckt werden.

Emotionen regieren unser Leben. Sie entscheiden über unser privates Glück, unsere Lebensqualität und unseren beruflichen Erfolg! Egal, welchen Beruf Sie ausüben oder welches Ziel Sie gerade im Visier haben, Ihr Erfolg hängt unmittelbar davon ab, wie gut Sie die Spielregeln der Verführungskunst beherrschen.

Denn die Menschen in Ihrem Umfeld, ob Partner, Mitarbeiter oder Kunden, »kaufen« immer erst einmal Sie selbst, belohnen die Summe an Emotionen, die Sie ihnen anbieten bzw. in ihnen auslösen – die guten Gefühle, die Sie als Mensch bewirken, und die Vorteile und den Nutzen, den Ihre Idee, Ihr Produkt oder Ihre Dienstleistung verspricht. Beides hat mit Verführung zu tun – hier mit bester Absicht und positiv gemeint. Es geht um die Fähigkeit, in anderen Menschen bewusst und sehr gezielt Emotionen auslösen zu können, und zwar die richtigen!

Entscheidend dafür ist, damit selbst erfolgreich umgehen zu können – das heißt gute Gefühle erst einmal selbst zu haben, besser noch aktiv »zu erzeugen« – um sie dann im richtigen Moment direkt auf andere Menschen übertragen zu können.

Zwei wichtige Botschaften haben Sie bemerkt:

1. **Gefühle haben Sie nicht, Gefühle *erzeugen* Sie!**
2. **Stimmungen übertragen sich auf andere.**

Gefühlsmanager

Daher behandeln wir später auch, wie Sie zum »Gefühlsmanager« werden. Gemeint ist, die eigenen Stimmungen selbst in die Hand zu nehmen, aktiv und positiv zu gestalten und auf diese Weise tatsächlich gute Gefühle in sich selbst zu bewirken.

Die entscheidende Frage ist: Wenn Emotionen gerade in der heutigen Zeit eine solch große Bedeutung haben – wie drücken wir diese überhaupt aus? Wenn wir darüber reden, positive Emotionen in uns selbst zu aktivieren und diese auf andere Menschen zu übertragen, wie zeigen wir unsere Emotionalität und, noch viel wichtiger, wie bzw. wodurch werden diese so erfolgsentscheidenden Parameter von unseren Mitmenschen überhaupt registriert?

Ganz einfach: Menschen zeigen und erfassen Gefühle über die

- Sprache, besonders dadurch, »wie« gesprochen wird, und
- die Körpersprache, d.h. Mimik und Gestik.

Beides zusammen ist unser Verhalten. Und dies spricht Bände. Wohl nichts ist so glaubwürdig und überzeugend wie die echte Emotion, pure Begeisterung und große Leidenschaft. Und kaum etwas wirkt auf andere so negativ, wird so schwer verziehen, wie der Mangel an Glaubwürdigkeit und Echtheit!

Was liegt da näher, als sich genau damit zu beschäftigen und zum Gefühlsmanager zu werden? Dieses Buch kann Ihre Emotionalität wecken, verstärken und in die richtige Richtung lenken. Denn wir gehen den guten Gefühlen auf den Grund. Sie entdecken, wie

Sie Emotionen als Erfolgsfaktor nutzen, und zwar einfach, gezielt und mit System: mit dem PowerSprache-System! Das ist ein emotionales Überzeugungssystem aus der Praxis für die Praxis, leicht verständlich, sofort anwendbar und umsetzbar.

> **Das Motto lautet: Mit Worten (ver-)führen, mit Verhalten faszinieren.**

Immer dann, wenn wir hier von Sprache reden, ist stets zweierlei gemeint: das gesprochene Wort und die Körpersprache, also Ihre Mimik und Gestik.

Wie groß ist Ihre Lust auf

- mehr Charisma durch gute Gefühle,
- eine faszinierende, emotionale Sprache,
- unwiderstehliche Überzeugungskraft?

Charisma

Entdecken Sie die Spielregeln und die Macht der Verführung! Ziehen Sie Menschen mit Charisma und Leidenschaft in Ihren Bann; elektrisieren Sie andere mit mächtiger, hochemotionaler PowerSprache; faszinieren Sie Ihr Umfeld ab sofort durch Ihre souveräne, unwiderstehliche Wirkung und Überzeugungskraft.

Entscheiden Sie selbst, ob Sie damit gerne Menschen in Ihrer Umgebung positiv »den Kopf verdrehen«, Mitarbeiter besser motivieren oder Ihren Kunden (und denen, die es noch werden sollen,) mit Leichtigkeit mehr verkaufen wollen.

Machen Sie Lust auf mehr ...

Was auch immer Sie vorhaben oder Ihnen gerade durch den Kopf geht: Sie brauchen dafür stets das Interesse bzw. die Unterstützung anderer Menschen. Gehen Sie bitte immer davon aus, dass Sie nicht der oder die Einzige sind, der oder die von einem anderen (Chef, Kunden usw.) etwas will. Menschen ordnen ihr Interesse und ihr Engagement nach klaren Prioritäten. Sie fragen sich dabei sofort: »Was habe ich davon? Was bringt mir das? Warum sollte ich das tun?«

Wenn Sie also wollen, dass andere Ihnen ihre Zeit schenken oder ihr Budget überlassen, dann müssen Sie in deren Prioritätenordnung ganz nach oben rücken.

Dazu haben Sie genau zwei Möglichkeiten: Entweder Sie sprechen in Ihrem Gegenüber etwas an, das ihn persönlich stark berührt, z. B. seine Hobbys. Oder Sie zeigen ihm sofort ganz klar den persönlichen Nutzen, die individuellen bzw. situativen Vorteile auf, die er erwarten darf. Beides hat einen gemeinsamen Nenner: Emotionen. Diese sind es, die Ihren Gesprächspartner aus der Reserve locken, ihn vom neutral gelangweilten oder höflich interessierten Gegenüber zu einem Ihnen gespannt zuhörenden Partner machen.

Emotionen als Erfolgsfaktor

Vergessen Sie dabei zunächst all die sachlichen Informationen – Zahlen, Daten, Fakten –, die Ihnen wahrscheinlich bislang so wichtig waren und erfolgsentscheidend schienen. Damit reißen Sie heute nur selten jemand aus seiner im Zweifelsfall eher abweisenden Haltung. Damit können Sie auch schwerlich glänzen, denn das können Ihre Mitstreiter ganz sicher ebenfalls. Versuchen Sie also bitte nicht, dort zu überzeugen, wo es alle probieren. Investieren Sie Ihre Energie viel lieber auf einem noch immer weitestgehend unbesetzten Nischenmarkt, in dem es viel mehr auf Sie als auf Ihr sachliches Angebot ankommt: Nutzen Sie Emotionen als Erfolgsfaktor.

Denken Sie bitte daran: Emotionen zeigen und auf andere Menschen positiv übertragen kann nur derjenige, der diese selbst sehr intensiv in sich trägt. Deshalb wird genau dies auch unser vielleicht wichtigster Schritt in diesem Buch sein.

Gehen Sie also weg vom reinen Präsentieren sachlicher Inhalte, von der Argumentation oder Einstellung, das Sie bzw. Ihr Unternehmen etwas Gutes anbieten, tun oder können. Machen Sie viel lieber etwas ganz anderes: Gehen Sie in Gespräche bzw. Situationen jeglicher Art bitte mit einer guten Portion an Leidenschaft für Ihre Sache, an Neugier auf den Kunden, seine Wünsche, Bedürfnisse usw. – und vor allem, mit dieser positiven Grundeinstellung: Dass es heute darum geht, was Sie Tolles miteinander unternehmen werden, welche spannenden Aufträge Sie miteinander abwickeln – und nicht, wie meist üblich, mit der nach außen deutlich sichtbaren Einstellung: »Mal sehen, ob ich den Kunden überzeugen kann.«

Tun und geben Sie einfach Ihr Bestes, zeigen Sie Ihrem Gegenüber erst einmal selbst, wie begeistert Sie von Ihrer Idee, von Ihrem Produkt usw. sind. Viele wollen andere Menschen von einem Anliegen überzeugen und sind es ganz offensichtlich selbst nicht.

Stimmigkeit von Wert und Tat

Bitte denken Sie daran: Auf nichts reagieren Menschen im Allgemeinen so stark und negativ, wie auf offen wahrnehmbare Unstimmigkeiten zwischen »Wort und Tat«, im schlimmsten Fall sogar die persönliche Unglaubwürdigkeit. Jegliche Sympathie, bereits vorhandenes Vertrauen wird hier im Handumdrehen unwiderruflich verspielt – meist für immer!

Emotionen sind das A und O

Wenn ich mit Menschen darüber spreche, wie wichtig Emotionen für den privaten und beruflichen Alltag sind und dass ich diese sogar als Erfolgsinstrument Nr. 1 betrachte, dann bekomme ich folgende Antworten: »Ja, das hört sich gut an. Das könnten unsere Verkäufer einmal machen«, so der Vertriebsleiter in einem Verkaufsgespräch, oder: »Ich glaube, das probiere ich demnächst auch einmal aus«, so Teilnehmer zu Beginn meiner Rhetorikseminare.

Emotionen sind von uns nicht wahlweise verwendbar! Was mich innerlich in Wallung bringt, ist die Ansicht vieler Menschen, man könne es einmal »mit Emotionen probieren«. Falsch, denn Ihr ganzes Leben besteht daraus, Sie haben im Grunde genommen überhaupt keine Wahl! Was auch immer Sie wann tun, Emotionen spielen dabei die Schlüsselrolle. Die einzige Wahl, die Sie tatsächlich haben, die entscheidende Frage, die Sie jeden Tag, in jeder Gesprächssituation, wieder neu beantworten, ist: Wie aktiv, mit welchem Bewusstsein, legen Sie dabei welche emotionale Qualität an den Tag? Eine Ausnahme gibt es, und zwar wenn es Ihnen egal ist, wie gut Sie sich fühlen und wie Sie auf andere Menschen wirken!

Emotionen »ausprobieren«

Jeder von uns arbeitet mit seinen Gefühlen, überträgt diese im Gespräch auf seine Kunden, Mitarbeiter und Partner. Nur meist sind es eben eher die schwachen oder sogar negativen Emotionen, die wir versprühen – ungewollt, von unseren Mitmenschen allerdings schnell als Lust-, Motivations- und Gedankenlosigkeit missverstanden.

Ich habe einige Zeit und viele solcher Reaktionen gebraucht, um zu verstehen, was diese Menschen tatsächlich meinen, wenn sie von »einmal ausprobieren« sprechen. Sie meinen den aktiven Ausbruch aus ihrem zumeist völlig unbewusst, zufällig und damit unkontrollierbar ablaufenden emotionalen Verhalten – den Gefühlszuständen, die eben einfach da sind. Ohne Vorwarnung und aktives Tun, durch die jeweilige Situation, den Einfluss anderer Menschen ausgelöst.

Hier besteht die große Gefahr, sich mit einem solchen Verhalten zum Spielball des Lebens zu machen, Reagierender statt Agierender, passiver Zuschauer statt aktiver Mitwirkender zu sein. Damit ist man darauf angewiesen, von anderen Menschen oder der jeweiligen Aufgabe bzw. Situation motiviert zu werden, statt dies aktiv und mit Begeisterung selbst zu tun. Außerdem verpasst man das vielleicht Schönste überhaupt im Leben: das prickelnde Gefühl, die entscheidenden Dinge wirklich selbst in der Hand zu haben! Die faszinierende innere Einstellung, das wertvolle tiefe »Bauchgefühl« der Sicherheit, in allen Lebenslagen, auch den anspruchsvollsten Momenten, einfach positiv, souverän und wirkungsvoll zu sein.

Emotionen als Erfolgsinstrument sind:

- echte emotionale Freiheit,
- für uns selbst und andere gut,
- ein wertvolles Geschenk und zauberhaftes Glücksgefühl,
- der Garant für den privaten und beruflichen Erfolg,
- zum Glück auch Ihr Thema, denn Sie lesen ja dieses Buch,
- das Spiegelbild unserer Körpersprache und unserer gesprochenen Sprache!

Jeder kennt sie, wir haben sie sicher schon alle durchlebt, genossen bzw. ertragen. Hier sind die stärksten, wohl eindeutig positivsten und die negativsten Emotionen der Menschheit.

Die 7 Meisterwerke

Prickelnde, zauberhafte Gefühle, die unser Leben bereichern:

- Liebe
- Lust
- Begeisterung
- Freude
- Leidenschaft
- Glücksgefühle
- Lob / Anerkennung

Die 7 Todsünden

Negative Emotionen, die uns und andere schwer belasten:

- Hass
- Eifersucht
- Neid / Missgunst
- Angst
- Wut
- Schuld- / Minderwertigkeitsgefühle
- Zögerlichkeit

Sie reden immer – auch wenn Sie nichts sagen

Wenn Menschen von Sprache sprechen, dann ist überwiegend das gesprochene Wort gemeint. Was fällt Ihnen selbst auf, wenn Sie mit Ihren Mitmenschen sprechen oder auch einfach einmal anderen Gesprächen lauschen? Immer noch wird fast ausschließlich – übrigens meist mit äußerst wenig an Wahrnehmung für den Gesprächspartner – darauf geachtet, Inhalte zu transportieren, Ideen, Produkte oder was auch immer durch Zahlen, Daten und Fakten für andere interessant zu machen.

Das mag sogar gelingen, doch einfaches Interesse reicht gerade in der heutigen Zeit nicht mehr aus, um Menschen zum Handeln oder sogar Kaufen zu bewegen.

»Gekauft« wird eine Idee, ein Produkt usw. erst dann, wenn es dem Adressaten auch wirklich begehrenswert erscheint. Und was macht das Ganze begehrenswert? Emotionen als Erfolgsfaktor!

Das entscheidende Ziel dieses Buches haben Sie dann erreicht, wenn Ihnen dieser Zusammenhang nach der Lektüre bewusst ist und Sie auch danach handeln – an jedem Tag, in jeder Situation und während jedes einzelnen Mitarbeiter-, Verkaufs- oder Überzeugungsgespräches. Denn erst Ihre Emotionen sind die Würze, die jedes kommunikative Gericht spannend, köstlich, außergewöhnlich – für andere eben mehr als einfach nur genießbar – machen.

Wir reagieren auf Emotionen

Menschen reagieren auf nichts so intensiv wie auf Emotionen. Achten Sie einmal ganz bewusst darauf, wenn Sie das nächste Mal in eine hochemotionale Situation geraten. Denken Sie z. B. an einen spannenden Kinofilm. Wie viele Tränen flossen am Ende von »Titanic«, als die beiden Hauptdarsteller auf dem offenen Meer trieben und sich voneinander verabschiedeten? Oder daran, wie schnell einzelne, negativ gestimmte Menschen selbst die positive Stimmung einer ganzen Gruppe zum Kippen bringen können. Wir haben alle schon die begeisterten Anfeuerungschöre echter

Fußballfans erlebt, die ein ganzes Stadion zum Beben bringen und für die begünstigte Mannschaft zum berühmten, ein ganzes Spiel entscheidenden »12 Mann« werden können. Wohin wir auch schauen, wir sind ständig umgeben von den Emotionen unserer Mitmenschen. Und: Wir reagieren unmittelbar darauf!

Oft entscheidet ein einziges Wort, eine kleine Geste oder eine kaum wahrnehmbare Änderung in der Mimik unseres Gegenübers. Wohlbefinden und Unbehagen liegen dicht beieinander.

Emotionen sind die Folge des eigenen inneren Zustandes. Und sie übertragen sich auf uns oder andere auf genau zwei Wegen: durch

- Körpersprache (besonders die Mimik!)
- verbale Sprache (hier zählt besonders das Wie).

Und wann immer Sie sprechen, übertragen Sie stets zweierlei: Information und Emotion! Letzteres ist meist entscheidend.

2. Das Lust-Fundament

Lust oder Last(er)?

Bevor wir uns mit positiven Emotionen beschäftigen, ist es Zeit für eine wichtige Vorüberlegung: Welchen Lebensanteil hat bei Ihnen die Lust, welchen die Last?

Positives Selbstbild

Es geht um Ihr positives und stabiles Selbstbild, auf dem alles Weitere in diesem Buch basiert, das persönliche Fundament, das ein Mehr an Emotionalität überhaupt erst möglich macht – für die Souveränität und Glaubwürdigkeit, die jede Emotion für andere echt, stimmig und dadurch so überzeugend macht.

Bekanntermaßen sind Menschen Gewohnheitstiere: Wir richten es uns schön ein, machen es uns im Leben gemütlich und wenden, ob bewusst oder unbewusst, unglaublich viel Energie darauf, dass möglichst alles in und um uns herum gleich bleibt und keine Veränderung eintritt. Das ist in vielen Fällen auch gut so. Die meisten Menschen brauchen sogar die Sicherheit gewohnten, sich ständig wiederholenden Handelns.

Gefährlich für uns bzw. unser Leben wird es dann, wenn wir uns überhaupt nicht mehr dessen bewusst sind, wie (gut) es um uns steht – wir nicht bemerken, ob es in unserem Leben negative, schädliche und belastende Faktoren gibt, um die wir uns dringend kümmern sollten.

Ein aktueller, persönlicher Status quo liefert klare Antworten auf wichtige Fragen wie: »Lebe ich mein Leben, oder werde ich gelebt?« »Habe ich den Beruf, der zu mir und meinen Stärken passt?« oder »Lebe und handele ich nur aus reiner Gewohnheit oder aus echter Lust und Leidenschaft?«

Bitte denken Sie daran: Wenn Sie jetzt gleich die folgenden Fragen schnell und intuitiv beantworten, dann kommt es nicht darauf an, dass Ihnen die Antworten gut gefallen, sondern allein darauf, dass sie echt sind und Sie danach wissen, wo es gut für Sie läuft und wo Ihre »Baustellen« sind. Viel Spaß!

Lust auf Ihren aktuellen Status quo?

Wollen Sie wissen, wie gut es in den entscheidenden Fragen Ihres aktuellen Lebens um Sie steht? Gut, dann beantworten Sie die unten stehenden Fragen jetzt bitte ganz spontan.

	ja	nein	?
• Bin ich mit mir und meinem Leben glücklich?			
• Lebe ich wirklich genau so, wie ich es selbst will?			
• Habe ich klare Werte, Prioritäten und Ziele?			
• Kenne ich mein stärkstes Leitmotiv?			
• Habe ich meine wichtigsten Ziele im Visier?			
• Habe ich ein privates Umfeld, das mir gut tut?			
• Kann ich mit meinen Schwächen gut umgehen?			
• Kenne ich meine drei größten persönlichen Stärken?			

• Habe ich den richtigen Beruf, der dazu passt?			
• Stimmt meine persönliche Work-Life-Balance?			
• Habe ich genug Zeit für das, was mir guttut?			
• Werden meine Leistungen überall wahrgenommen?			
• Kann ich begeistern, motivieren, überzeugen?			
• Lasse ich mich von anderen leicht verunsichern?			
• Bin ich offen, kontaktfreudig, positiv, neugierig?			
• Gibt es »emotionale Blockaden«, die mich stören?			
• Habe ich verborgene Sehnsüchte, Wünsche, Ziele?			
• (Er-)Lebe ich genug Lust, Freude und Begeisterung?			

Die drei entscheidenden Fragen

Sind Sie mit den Antworten zufrieden? Oder doch eher überrascht, weil Sie sich diese Fragen so noch nie gestellt oder gar beantwortet haben? Drei letzte persönliche Fragen gilt es jetzt noch zu klären, deren Beantwortung immer wieder anspruchsvoll, spannend, auf jeden Fall gewinnbringend ist. Nehmen Sie sich dafür bitte ein schönes Blatt Papier zur Hand, verewigen Sie Ihre innersten Gedanken bzw. Gefühle und bewahren Sie diesen wertvollen Schatz dann bitte an einem sicheren Ort auf.

1. Wer bin ich?	Stellen Sie sich bitte vor, es müsste ein persönlicher Steckbrief von Ihnen angefertigt werden. Tragen Sie hier alles zusammen, was Ihnen zu sich selbst einfällt: Was haben Sie gemacht – was haben Sie alles erlebt – was sind die wohl wichtigsten privaten und beruflichen Stationen Ihres bisherigen Lebens?
2. Was kann ich?	Die kurze, scheinbar einfache Frage »Was kann ich?« hat es wahrlich in sich! Denn tatsächlich gemeint ist die glasklare Differenzierung in • Was kann ich nicht/nicht gut? • Wo bin ich Durchschnitt? • Wo bin ich so richtig gut/Spitze?
3. Was genau will ich?	Die für die meisten Menschen wohl anspruchsvollste und heikelste Frage überhaupt ist: »Was genau will ich?«. Denn die Antwort deckt unser ganzes Leben auf, all unsere Wünsche, Prioritäten und Ziele. Haben Sie Mut und greifen Sie ruhig einmal nach den Sternen.

Positionieren heißt polarisieren

Erfolgreiche Unternehmen haben den Mut, sich eindeutig am Markt zu positionieren – deren Firmenchefs und ganze Heerscharen von Mitarbeitern verwenden viel Energie und Zeit darauf, die beworbenen Produkte und Dienstleistungen durch die richtige Marketingstrategie ins beste Licht zu rücken.

Was hat dies mit Ihnen zu tun? Ganz einfach: Sie selbst sind, egal welchen Beruf Sie auch ausüben bzw. welche Position Sie bekleiden, Ihr bester Verkäufer, Ihr Marketingchef – in Ihrem Ein-Mann- oder Ein-Frau-Unternehmen. Und Ihre ganz persönliche Selbstmarketing-Strategie ist es, die darüber bestimmt,

- wie / als was Sie wahrgenommen werden,
- wofür Sie nach außen stehen,
- welche »Absatzmärkte« Sie finden,
- welche »Zielgruppen« Sie ansprechen.

Entscheidend für Sie ist, dass Sie sich mit diesen Fragen beschäftigen, Sie also selbst bestimmen, wie Sie wirken, das heißt, wen Sie erreichen und wen Sie eher nicht anziehen wollen. Wohl nichts ist Ihrer dauerhaft erfolgreichen Gesamtwirkung abträglicher, als *everybody's darling* zu sein, es jedem Recht machen und bei niemandem anecken zu wollen. Das wünscht sich wohl jeder von uns, doch es funktioniert nicht! Denn etwas erreichen zu wollen bedeutet oft leider auch, anderen etwas wegnehmen bzw. diese von ihrem Platz verdrängen zu müssen. Wir träumen zwar fast alle vom so friedliebenden Miteinander, doch nicht nur Unternehmen sondern auch wir als Menschen befinden uns in der heutigen Zeit im Verdrängungswettbewerb. Denken Sie bitte nur einmal an den Arbeitsmarkt.

Haben Sie den Mut zu klaren Aussagen, beziehen Sie eindeutig Position und engagieren Sie sich überall dort als leidenschaftlicher Überzeugungstäter, wo Sie sich tatsächlich bestens auskennen und als echter Experte mitreden können.

Kein stromlinienförmiges Verhalten

Ersparen Sie sich und Ihren Mitmenschen laienhaftes, gedankenloses und stromlinienförmiges Verhalten, das lediglich darauf abzielt, überall mitzureden, ohne etwas zu bewegen, mit jedem zu sprechen, statt einige Menschen wirklich zu erreichen, ein bisschen von allem statt etwas Großes und Besonderes auf einem kleineren Gebiet zu sein: Seien Sie in Ihrem Leben ein richtig aktiver und sehr engagierter Mitspieler anstatt ein ständig neidvoller, alles kritisch und negativ wertender Zuschauer. Das Leben findet einfach nicht auf einer sicheren Tribüne, sondern ausschließlich auf einem unberechenbaren Spielfeld statt. Sehen Sie dies am besten als Chance statt als Schicksal.

Klingt das für Sie alles etwas hart oder sogar unfair? Ganz im Gegenteil, denn genau wie beim Stichwort der Verbindlichkeit – wir reden später noch darüber – verhalten Sie sich mit einer klaren Positionierung im höchsten Maße sozial und fair. Nur so sind Sie für andere ein Mensch, der klar einzuschätzen ist, dem man vertrauen kann und der seine Fähnlein nicht ständig nach dem Wind dreht. Das bedeutet, dass Sie für andere ein Stück weit berechenbar sind, und genau das eben schafft Sicherheit.

Fazit: Sich klar zu positionieren bedeutet ein hohes Maß an Selbstbewusstsein für die eigenen Stärken und Schwächen, eindeutige Prioritäten und Ziele zu haben, passende Märkte und Zielgruppen zu finden – und den Mut zu besitzen, auch einmal anzuecken, nicht von allen geliebt werden zu wollen und mit Elan die individuelle Lebensstrategie verbindlich umzusetzen.

Mehr Lust durch klare Ziele

Ziel-Workshop

1. Definieren / formulieren Sie Ihr aktuell wichtigstes Ziel (Positiv-Formulierung, sagen Sie, was Sie erreichen wollen):

....

....

2. Warum haben Sie sich dieses Ziel gesetzt?

....

....

3. Was genau ist Ihnen daran persönlich wichtig?

....

....

4. Welchen Nutzen bietet *Ihnen* dieses Ziel?

....

....

5. Welchen Nutzen bietet dieses Ziel *anderen*?

....

....

6. Was sind Ihre *wichtigsten* Argumente *für* dieses Ziel?

....

....

7. Was ist letztendlich *der Kern* Ihres Zieles?

....

....

8. Was tun, bieten *Sie* bzw. bringen *Sie* dafür ein?

....

....

9. Welche persönlichen Ressourcen / Fähigkeiten nutzen Sie?

....

....

10. Wer wird Sie dabei unterstützen, Ihnen helfen?

....

....

11. Wie begeistern und motivieren Sie Ihre Helfer?

....

....

12. Was ist der jetzt der erste Schritt?

....

....

13. Welche konkreten Schwierigkeiten könnten auftreten?

....

....

14. Wie gehen Sie damit um?

....

....

15. Wie erkennen Sie, wie gut Sie auf dem Weg zum Ziel sind?

....

....

16. Woran erkennen Sie, dass Sie das Ziel erreicht haben (Ihr Gefühl, allgemeine Stimmung, Reaktionen, Fragen, Abschluss usw.)?

....

....

17. Wie reagieren Sie, wenn Sie am Ziel angelangt sind?

....

....

18. Fazit: Was ist entscheidend, um Ihr Ziel zu erreichen?

....

....

Die 13 typischen Lust-Killer

Bevor wir uns den vielen einfachen Möglichkeiten und alltäglichen Chancen zuwenden, die unseren Emotionen Flügel verleihen, sollten wir noch eine besonders wichtige Störquelle, einen echten Unruhestifter, kennenlernen: die 13 Lust-Killer.

Engpassfaktoren

Es geht um die typischsten Erfolgsverhinderer auf dem Weg zu mehr Lust, Begeisterung und privater wie beruflicher Lebensqualität: 13 Engpassfaktoren, die uns davon abhalten, das vorhandene emotionale Potenzial wirklich hundertprozentig zu nutzen. Gemeint sind die Lust-Killer, die uns selbst immer wieder plagen, hindern, unsicher und zögerlich machen, uns so oft um den verdienten Lohn unserer guten Ideen, Leistungen und Ziele bringen, unser und das Leben anderer Menschen belasten oder sogar zerstören – meistens unbewusst und ohne böse Absichten.

Alle 13 Lust-Killer haben eines gemeinsam: Sie behindern oder verhindern sogar unseren gesamten Lebenserfolg, machen eine wirklich tolle Lebensqualität unmöglich und blockieren uns immer dann, wenn es für uns darauf ankommt. Auch lösen sie sich selten von alleine in Luft auf, müssen zunächst erkannt, entlarvt und dann gezielt eliminiert oder zumindest reduziert werden. Ganz zu schweigen davon, dass in Gegenwart von Lust-Killern eine gesteigerte emotionale Performance fast unmöglich ist.

Wie wollen Sie z. B. einen Menschen von etwas begeistern, ihn zum Lachen und Handeln motivieren, wenn Sie selbst gerade unsicher, zögerlich oder auf etwas von bzw. an ihm neidisch bzw. eifersüchtig sind? Gleichzeitig gute Gefühle zu haben ist so einfach unmöglich! Und genau darum, um die Machtfülle dieser positiven Emotionen geht es uns in diesem Buch ja schließlich!

Die Performance-Blocker

1. Schuldgefühle
2. Hass / Wut
3. Neid und Missgunst
4. Eifersucht
5. Angst
6. Negative innere Einstellung
7. Mangelndes Selbstbewusstsein
8. Zögerlichkeit / mangelnde Entscheidungskraft
9. Fehlende bzw. unklare Prioritäten / Ziele
10. Mangelnde Leichtigkeit
11. Mangelnde Vitalität
12. Ablehnung und Enttäuschung / Erwartung
13. Negative, wirkungsarme Sprache

Übung

Notieren Sie ganz spontan, welche Lust-Killer in Ihrem Leben eine Rolle spielen. Auch dann, wenn Sie diese Eigenschaften nicht an sich, sondern z. B. an Ihrem Lebenspartner feststellen.

Meine Lust-Killer:

1. ……………………………………………………………………

2. ……………………………………………………………………

3. ……………………………………………………………………

3. Die Lust-Faktoren

Die Lust wecken

Alles braucht eine Grundlage – so auch Ihre vielen positiven Gefühle, wenn Sie Ihre Emotionen künftig als Erfolgsfaktor einsetzen wollen. Haben Sie sich mit dem Lust-Fundament auseinandergesetzt und die dortigen Fragen beantwortet? Das ist sehr wichtig, denn erst jetzt sind Sie wirklich bereit für den nächsten Schritt: die Lust-Faktoren – 20 alltägliche, einfach umzusetzende Impulse, ein wahres emotionales Zirkeltraining.

Schritt für Schritt

Bitte denken Sie daran: Sowohl das Lust-Fundament als auch die Lust-Faktoren sind entscheidend, um an unser endgültiges Ziel zu gelangen: mehr Lust mit System. Erst auf dieser Basis werden Sie Ihre Emotionen wirklich als Erfolgsfaktor einsetzen und all die herrlichen persönlichen Erfolgserlebnisse genießen können. Immer wieder wird versucht, die Abkürzung zu nehmen, sofort den dritten Schritt zu gehen und gleich die mächtigen Instrumente des PowerSprache-Systems anzuwenden.

Das geht fast immer schief, ist manchmal sogar gefährlich. Denn es fehlt dann einfach an der Souveränität, am Selbstbewusstsein und der Glaubwürdigkeit, die wir für diesen dritten Schritt so dringend benötigen. Also: Bitte erst die Pflicht, dann die Kür! Zurück zu den Lust-Faktoren. Was bedeuten diese für Sie ganz praktisch?

Lust-Faktoren sind all die positiven Gedanken, Einstellungen und Verhaltensweisen, die Sie jeden Tag praktizieren können. Lust-Faktoren können Sie quasi als Würze des Lebens betrachten: Je mehr Sie davon zulassen, anwenden und genießen, desto höher ist Ihre Lebensqualität.

Sie tun sich selbst und den Menschen in Ihrer Umgebung damit viel Gutes, trainieren Ihre Emotionen und erhöhen Ihr Grundniveau an Freude, Vitalität, Begeisterung und Zielstrebigkeit auf Dauer deutlich. Und Sie sind so emotional bestens gerüstet für das PowerSprache-System – für mehr Lust mit System!

Das Lust-Menü

20-mal mehr Lust durch

1. Positive innere Grundeinstellung
2. Positives Selbstbild
3. Klares Selbstbewusstsein
4. Mehr Wahrnehmung
5. Lust und Neugier
6. Toleranz, Respekt
7. Bereitschaft zur Vergebung / Aussöhnung
8. Klare Werte, Prioritäten und Ziele
9. Mehr Entscheidungsfreude
10. Veränderung / neue Herausforderungen
11. Mehr Leichtigkeit durch gelebte Stärken
12. Häufiger tun, was guttut
13. Fitness / Vitalität erhöhen
14. Liebe und Zuneigung
15. Freundlichkeit und Fairness
16. Lob und Anerkennung
17. Dankbarkeit und Vorfreude
18. Humor / Selbstironie
19. Bewusste Sprache
20. Handeln statt erwarten

Entscheiden Sie selbst, womit Sie Ihr Leben ab sofort gerne noch mehr und bewusster würzen wollen. Wir besprechen das Lust-Menü jetzt Punkt für Punkt. Machen Sie sich bitte dazu Ihre Notizen.

1. Positive innere Einstellung

Zu Recht der Klassiker überhaupt – von nichts hängt der Verlauf und die Qualität Ihres Lebens so sehr ab wie von Ihrer eigenen inneren Einstellung, mit der Sie Ihr Leben (er-)leben. Ihre innere Einstellung ist ein Sammelbegriff für vieles: wie Sie an Ihr Leben herangehen, wie Sie sich selbst sehen, woran Sie glauben, was Sie von sich und anderen erwarten, was Sie sich selbst in Ihrem Leben zutrauen usw. Es geht um Ihr Weltbild, um Ihr Urvertrauen, um Ihr Selbstbewusstsein, Ihre Werte, Ziele und Prioritäten. Und alle diese wichtigen Lebensfaktoren hängen von Ihrer inneren Einstellung ab, mit der Sie an diese Punkte herangehen. Daher werden wir uns gleich im Anschluss einige dieser wichtigen Aspekte der Reihe nach anschauen.

Eine positive innere Grundeinstellung zu haben bedeutet für Sie einfach unglaublich viel Wunderbares und Wertvolles: Sie bestimmen den Fokus, die Sicht der Dinge. Denn, und das kennt wohl jeder von uns, Sie können in fast allem zweierlei sehen: das Einfache, Positive und Angenehme – oder eben genau das Gegenteil davon. Das gilt für Ihren Partner, Ihren Beruf, Ihre tagtäglichen Aufgaben usw. Doch selten sind es tatsächlich die Menschen, Situationen oder Aufgaben selbst, die positiv oder negativ, angenehm oder heikel sind, sondern meist die aktuelle und individuelle Einstellung dazu, die eigene Sicht- und Herangehensweise.

Nehmen wir ein einfaches Beispiel: Denken Sie jetzt bitte einmal an einen besonders guten Tag, an dem Sie schon morgens frisch und vital aufgestanden sind. Wie gut war es an diesem Tag um Ihre Erfolgserlebnisse bestellt – fielen Ihnen Ihre Aufgaben nicht leichter, war das Miteinander mit Kunden, Kollegen usw. nicht deutlich positiver und angenehmer? Aha, sehen Sie: Denn das lag ausschließlich an Ihnen, Ihrer völlig anderen Ausstrahlung und Souveränität – eben an Ihrer positiven inneren Einstellung.

Meine Gedanken

....

....

....

2. Positives Selbstbild

Schließen Sie jetzt bitte kurz die Augen und beschreiben Sie, wie Sie selbst aussehen, besonders Ihr Gesicht, Ihre Augen. Eine positive innere Einstellung braucht zunächst einmal ein ebensolches Selbstbild: Was halten Sie von sich selbst? Was trauen Sie sich zu? Wie sehen Sie überhaupt aus? Ein positives Selbstbild ist hier tatsächlich wortwörtlich zu sehen: sich selbst bewusst wahrzunehmen, ein klares Bild von sich selbst zu haben, z. B. durch einen regelmäßigen Blick in den Spiegel, der mit mehr als Rasieren oder Schminken zu tun hat. Die wenigsten tun dies – nicht ohne guten Grund heißt es ja, dass viele Menschen aufgrund ihres selbst angefertigten Phantombildes niemals von der Polizei gefunden würden!

Können Sie sich das vorstellen, sich selbst nicht ganz präzise beschreiben zu können? Probieren Sie es bei nächster Gelegenheit einfach einmal aus, z. B. mit guten Freunden. Ich garantiere Ihnen einen spannenden, für fast jeden äußerst aufschlussreichen Partygag mit vielen verdutzten Gesichtern – und es macht auch noch sehr viel Spaß! Das Gleiche gilt übrigens auch für gute Freundschaften, die Partnerschaft und das Verliebtsein: Das Bild, das Sie hier jeweils vom anderen mit sich im Kopf herumtragen, bestimmt maßgeblich, wie gut Ihre Beziehung ist. Also, gönnen Sie sich ab sofort bitte genau drei Mal täglich einen bewussten Blick in den Spiegel! Zu einem positiven Selbstbild gehört natürlich noch mehr: sich anzunehmen und genau so zu mögen, wie Sie sind. Wie viele Menschen leiden z. B. unter ihrem Äußeren, statt lieber etwas dafür zu tun! Die Zeitschriften sind voll von angeblichen »optischen Vorbildern«, stark idealisiert (und retuschiert!), und so eher entmutigend als motivierend. Ein positives Selbstbild bedeutet schließlich auch, eine viel angenehmere Ausstrahlung und Wirkung auf andere Menschen zu haben: einerseits dadurch, dass Sie Ihr Gesicht, Ihre Mimik, Ihre Sprache und Körpersprache kennen und so gezielt darauf Einfluss nehmen können, andererseits natürlich durch Ihr gesteigertes, stabiles Selbstbild.

Meine Gedanken

....

....

....

3. Klares Selbstbewusstsein

Überlegen Sie jetzt bitte kurz einmal, was Sie selbst alles mit dem Begriff »klares Selbstbewusstsein« assoziieren und wie Sie Ihr persönliches Selbstbewusstsein aktuell einschätzen. Denn mit diesem tollen Begriff wird heutzutage leider oft etwas völlig Falsches verbunden – nämlich Eitelkeit, Arroganz, Dominanz usw. Tatsächlich bedeutet Selbstbewusstsein, sich seiner selbst bewusst zu sein: seiner Stärken, Schwächen, Gewohnheiten – nicht mehr und nicht weniger. Dass dies bei manchen Zeitgenossen leider auch die genannten Nebenwirkungen zur Folge hat, ist wohl eher eine prinzipielle Charakterfrage.

Ein sehr klares, möglichst facettenreiches Selbstbewusstsein ist wirklich wichtig. Denn es bestimmt das Niveau Ihres Lebens, die Höhe der Messlatte Ihrer Wünsche, Prioritäten und Ziele, die Sie sich selbst setzen bzw. zutrauen. Ein Mensch mit Mangel an Selbstbewusstsein betreibt, oft unbewusst, gerne die so genannte Vermeidungs- bzw. Verhinderungspolitik. Das heißt, er geht persönlichen Herausforderungen gerne aus dem Weg, setzt seine Ziele eher deutlich niedriger an als für ihn möglich und investiert seine Energie oft lieber in die Frage, was alles an der Situation bzw. Aufgabe gefährlich, negativ, problematisch sein könnte, als erst einmal die Aufgabe selbst zu erkennen, die mögliche Chance und positive Herausforderung darin zu sehen und diese einfach anzugehen. Kurz gesagt, ist es einem solchen Menschen meistens viel wichtiger, nicht zu versagen, sich vor anderen nicht zu blamieren, als wirklich auch einmal an seine Grenzen zu gehen. Das geschieht allerdings ohne böse Absicht, denn ein Mangel an Selbstbewusstsein führt automatisch dazu, sich nichts zuzutrauen, nichts zu wagen. Das Urvertrauen in sich selbst fehlt. Schade, denn das bedeutet ein Leben voller verpasster Chancen und ohne tolle persönliche Erfolgserlebnisse.

Wie also stärken Sie Ihr Selbstbewusstsein am besten? Sie haben das meiste dafür schon getan, denn die zahlreichen Fragen im letzten Kapitel zielten genau darauf ab. Ich habe es dort noch nicht so genannt, da viele Menschen bei diesem Begriff gerne sofort auf Abstand gehen. Je mehr Lust Sie darauf haben, Ihre Selbstwahrnehmung noch facettenreicher zu gestalten, desto eher empfehle ich Ihnen jetzt, folgende präzisierende Fragen zu beantworten:

- Was kann ich besonders gut?
- Wo liege ich wohl im Durchschnitt?
- Wo habe ich klare Defizite?
- Was an mir ist besonders, anders oder einzigartig?
- Stimmt das Feedback anderer zu meinen obigen Antworten?

Kennen Sie die »sich selbst erfüllende Prophezeiung«? Mehr als oft und längst nicht immer sinnvoll in der Literatur strapaziert, ist doch viel Wahres daran: Das, was Sie erwarten, wird eintreten. Dahinter steckt überhaupt kein Geheimnis, sondern genau das, worüber wir gerade reden. Unsere innere Einstellung bestimmt die Sichtweise, das Selbstbild unser Verhalten und unser Selbstbewusstsein die Vielzahl (er-)lebbarer Erfolgserlebnisse.

Daher gibt es wohl kaum etwas Wertvolleres, das Sie Freunden, Partnern und gerade jungen Kindern schenken können, als den Glauben an das Urvertrauen in sich selbst!

Meine Gedanken

....

....

....

4. Mehr Wahrnehmung

Die Wahrnehmung über unsere fünf Sinnessysteme liefert uns alle entscheidenden Informationen: Wir sehen, hören, fühlen, riechen und schmecken. Gibt es noch mehr Sinne? Manche vermuten es, keiner weiß es so genau. Eines jedoch steht fest: Eine bewusste, möglichst genaue Wahrnehmung ist für unseren Erfolg unabdingbar, denn je genauer wir beobachten, hinsehen, hinhören und mitfühlen, desto umfassender und präziser sind die Informationen, die uns für unsere Aktionen und Reaktionen zur Verfügung stehen. Alles, was wir nicht wahrnehmen, ist von vornherein verloren. Jeder von uns tendiert zu einer gewissen Sinneslastigkeit, in unseren Breiten ist es meist das Sehen oder Hören.

In Afrika z. B. ist es eher das Fühlen. Woran liegt dieser Unterschied? Hauptsächlich an den verschiedenen Ersteindrücken unserer Sinne, die wir zu Beginn unseres Lebens sammeln: Während das afrikanische Baby am Körper der Mutter umhergetragen wird, es also die Mutter intensiv fühlt, erleben wir diese Situation eher überwiegend sehend oder hörend. Und diese ersten Wochen bzw. Monate bringen bereits eine erste Grundausrichtung mit sich. Natürlich kann sich dies im Verlauf des Lebens ändern, durch das Umfeld und ganz besonders stark durch Hobbys bzw. später den Beruf. Und doch bleibt der grundgeprägte Sinneskanal in uns stets mit präsent.

Je nachdem, ob wir eher auf das Sehen, Hören oder Fühlen fokussiert sind, beachten wir die Welt um uns herum verschieden. Einerseits ist dies natürlich schön und erstrebenswert, trägt es doch mit zur Individualität jedes einzelnen Menschen bei. Auf der anderen Seite sorgt es auch für jede Menge Missachtung und Missverständnisse. Stellen Sie sich vor, Sie selbst sind z. B. ein visueller Typ, das heißt, für Sie hat alles Vorrang, was Sie sehen können und was Ihnen schön bzw. ästhetisch erscheint. Ihr Partner ist eher auditiv geprägt, das bedeutet, er achtet besonders auf alle hörbaren Eindrücke wie Stimmen und Geräusche. Jetzt bringen Sie regelmäßig Blumen mit nach Hause und sind ganz stolz darauf. Eines Tages hören Sie zufällig, wie Ihr Partner bei anderen darüber klagt, dass Sie ihm Ihre Liebe und Zuneigung nicht oft genug bekunden. Sie sind natürlich völlig aus dem Häuschen, verstehen die Welt nicht mehr. Was ist passiert? Na klar, Ihr auditiver Partner will Ihre Zuneigungsbekundungen nicht in Form von Blumen sehen, er will diese in schönen Worten hören. Ein so genannter kinästhetischer Partner würde weder sehen noch hören wollen, er würde Ihre Gefühle gerne fühlen, z. B. durch eine kräftige Umarmung. Enorm viele Missverständnisse sind allein dadurch vorprogrammiert, dass unterschiedlich sinnesorientierte Menschen aufeinanderstoßen.

Ein ganz praktisches zweites Beispiel: Sie verkaufen Autos einer renommierten Marke. Diese Situation kann sich wohl jeder zumindest auf der Kundenseite gut vorstellen. Sie sind visuell veranlagt, und der Verkäufer quält Sie mit langen Beschreibungen, einer nicht enden wollenden Litanei an Zahlen, Daten und Fakten. Dabei will ein visueller Kunde das Produkt oder zumindest eine Abbildung davon sehen. Und für ihn zählt ganz besonders das Design, die Linienführung, die schicke Alufelge usw. Der Auditive will sehr gerne eine Beschreibung darüber hören, für ihn zählt dann ein wohlklingender Motorsound, am besten Sechs- und Acht-Zylinder, und ein tolles Sound-System. Der kinästhetische Kunde schließlich will das Produkt anfassen, erfühlen, er braucht ein butterweiches Fahrwerk und die komfortabelsten Sitze mit zehnfacher Verstellung. Stellen Sie sich vor, der Verkäufer wüsste davon und könnte diese Kunden unterschiedlich, nämlich typengerecht, beraten. Das wären völlig andere Verkaufsgespräche, als Sie sie vielleicht aus eigener Erfahrung kennen: erheblich kürzer und für beide Seiten äußerst erfolgreich. So wird meistens und mit bester Absicht einfach »ganzheitlich« beraten – oder eben dem Sinnestyp des Verkäufers entsprechend. Und dieses Verhalten findet sich, das will ich hier gerne ganz deutlich sagen, in allen Branchen wieder.

Übrigens lassen sich die Sinnestypen meistens auch der Berufswahl zuordnen: Visuelle Berufe ergreifen z. B. Fotografen, auditive Musiker. Wahrnehmung ist tatsächlich der Schlüssel zum Erfolg, aus diesem Grund wird dies hier auch so ausführlich dargestellt. Wir Menschen haben die Tendenz, uns in den jeweiligen Situationen zu schnell auf Details zu konzentrieren, meist sogar noch ehe wir uns einen Überblick über die Gesamtsituation verschafft und wichtige Begleitparameter wie z. B. die Stimmung erfasst haben.

Dies ist für uns wirklich schädlich, manchmal sogar gefährlich, denn treffen Sie z. B. auf einen schlecht gelaunten oder gestressten Gesprächspartner, ohne dies zu bemerken, dann macht allein dies Ihre angestrebten Gesprächsziele annähernd unerreichbar. Sobald Sie dies jedoch wahrnehmen, haben Sie die wertvolle Chance, das Gegenüber entweder in eine andere Stimmung zu führen oder das Gespräch notfalls lieber auf einen anderen Zeitpunkt zu vertagen – beides ist auf jeden Fall besser, als einfach drauflos zu agieren! Fazit: Augen und Ohren auf, genau hinsehen und hinhören, Stimmungen erfassen, zunächst ausschließlich auf das Gegenüber konzentrieren, erst dann auf das Thema und die eigenen Ziele. Auf diese Weise sind Sie schon fast auf der Zielgerade!

Meine Gedanken

....

....

....

5. Lust und Neugier

Auch hier haben wir es wieder mit einer grundlegenden inneren Einstellung zu tun: nämlich Ihrer Lust darauf, neue Menschen kennenzulernen, und Ihrer positiven Neugier auf deren Meinungen und neue Themen. Was wir schon bei Punkt 1 gesagt haben, das gilt auch hier: Allein diese innere Einstellung sorgt für eine Ausstrahlung und Wirkung, die beeindruckt. Denn Sie geben Ihrem Gegenüber dadurch das seltene Gefühl, dass Sie sich auf ihn freuen und sich mit ihm beschäftigen. Und das ist es doch schließlich, wonach wir uns alle sehnen.

Meine Gedanken

....

....

....

6. Toleranz und Respekt

Schnell als Selbstverständlichkeit dahingesagt und doch meistens eben nicht praktiziert, haben wir es bei Toleranz und Respekt wohl mit Hauptverursachern vieler zwischenmenschlicher Auseinandersetzungen zu tun. Toleranz nämlich für andere Meinungen und Weltbilder sowie Respekt vor den Grenzen und für die Leistungen bzw. Ideen unserer Mitmenschen ist oft viel leichter gesagt als getan. Und dabei von so entscheidender Bedeutung – für uns und für die anderen! Toleranz bedeutet z. B., anderer Menschen Werte und Glauben einfach stehen zu lassen, ohne diese zu vergleichen, anzugreifen und die eigenen Ansichten dann doch wieder zu verteidigen und voranzustellen, Respekt vor den Leistungen eines Menschen zu haben, vor dem, was er erreicht und geschaffen hat oder was er vorhat. Auch hier bitte wieder ohne den neidischen Vergleich mit den eigenen Besitzständen.

Ich gebe gerne zu, es ist nicht immer einfach. Und doch haben Sie, auch im Sinne dieses Buches, mehr davon, wenn Sie sich mit oder für den anderen freuen – seinen Status quo vielleicht sogar als Ansporn für größere Ziele sehen. Ich verspreche Ihnen: Mit dieser Einstellung und Verhaltensweise werden Sie schnell als positive Persönlichkeit auffallen.

Meine Gedanken

....

....

....

7. Bereitschaft zur Vergebung / Aussöhnung

Mal unter uns: Haben auch Sie »Leichen« im Keller – gibt es irgendwelche Menschen, auf die Sie heute noch wütend bzw. ärgerlich sind, oder Situationen, mit denen Sie noch immer im Unreinen sind? Das wäre nur allzu normal – und doch schade. Denn tatsächlich tun Sie damit niemandem etwas Gutes. Ganz im Gegenteil, Sie reduzieren dadurch einen Großteil Ihrer Lebensenergie, die Sie viel besser in positive Gedanken und Aktivitäten umsetzen könnten. Natürlich steht es mir nicht zu, den Grund zu beurteilen. Im Sinne unserer Zielsetzung jedoch, nämlich mehr positive Emotionen in unser Leben Einzug halten zu lassen und diese für uns und andere als Erfolgsinstrument zu nutzen, ist dies geradezu kontraproduktiv. Das weiß ich aus eigener Erfahrung und empfehle Ihnen daher, einen nützlicheren Weg zu gehen: Sie können die damalige Situation und die Menschen im Nachhinein nicht mehr ändern – Sie können allerdings Ihre Gedanken und Emotionen ändern, die Sie damit verbinden, und sich damit zumindest besser fühlen. Nochmals klipp und klar: Ihre Meinung brauchen Sie nicht zu ändern, jedoch können Sie sich, zu Ihrem persönlichen Vorteil, mit der Situation oder dem Menschen arrangieren.

Meine Gedanken

....

....

....

8. Klare Werte

Unsere persönlichen Werte sind die Grundausrichtung, quasi das Navigationssystem unseres Lebens. Klare Prioritäten und Ziele zu haben ist wiederum wichtig für das richtige Timing, die angemessene Dosis und Geschwindigkeit an individuellen Herausforderungen. Werte, Prioritäten und Ziele sind wie unser Lebenskompass – fehlen sie, dann treibt es uns irgendwann irgendwohin. Selten entsteht so, von bewusst erlebten Phasen des sich Treibenlassens einmal abgesehen, ein wirklich erfülltes, reiches Leben. Schauen wir uns einfach alles der Reihe nach an.

Unsere individuellen Werte hängen von vielem ab, werden auf die verschiedenste Weise gebildet: Hauptsächlich durch die Erziehung, Ausbildung und Umgebung geprägt, scheinen wir auch einen bestimmten Wertekern bereits mit auf die Welt zu bringen. Unsere Werte sind wie unsere früheren Landesgrenzen: Sie legen das Terrain fest, auf dem wir uns bewegen, bestimmen im Zusammenspiel mit den Glaubenssätzen (all das, woran Sie glauben oder nicht glauben!) alle Grundsätzlichkeiten unseres Denkens und Verhaltens. Instinktiv versuchen wir, unseren Werten und Glaubenssätzen entsprechend zu leben und uns danach zu verhalten, obwohl uns beide oft überhaupt nicht bewusst sind.

Daher kann es für Sie gleich doppelt interessant sein, sich einmal ganz bewusst mit Ihrer persönlichen Werteordnung zu beschäftigen: Einerseits werden Sie so Ihr bisheriges gewolltes und unerwünschtes Verhalten viel besser verstehen, und auf der anderen Seite haben Sie die wertvolle Gelegenheit, Ihre Werte auf Sinn, Aktualität und Änderungswünsche hin zu überprüfen.

Meine Gedanken

....

....

....

Prioritäten

Prioritäten entspringen unseren Werten und hängen eng mit der Art und Weise unserer Zielsetzungen zusammen – ohne klare Prioritäten keine wirklich erreichbaren Ziele, denn das hieße, alles zeitgleich tun bzw. alle Ziele auf einmal angehen und erreichen zu wollen. Und das führt meist zu nichts! Unsere Prioritäten trennen Wichtiges von weniger Wichtigem, sind die Ampelschaltung unseres Lebens, geben mal der einen, mal der anderen Richtung grünes Licht. Kurz gesagt: Menschen, die klare Prioritäten haben, erreichen in ihrem Leben mehr Ziele, statt nur unerreichbar vielen frommen Wünschen hinterherzuhängen. Prioritäten bestehen meist nicht auf Dauer, sondern sind eher eine temporäre Bestandsaufnahme. Mal steht bei uns eine Weile der Beruf, mal das Privatleben an erster Stelle, mal die eigenen Hobbys und dann eine Herzensangelegenheit wie z. B. soziales Engagement. Klar ist: Welche Prioritäten Sie haben, das ist allein Ihre Sache. Entscheidend für uns hier ist lediglich, dass Sie überhaupt welche haben, Ihnen diese bewusst und genauso auch von Ihnen erwünscht sind. Denn allzu oft erlebe ich diese zwei Negativfälle: einerseits Menschen, die (un-)gewollt fast ausschließlich nach den Prioritäten anderer leben, andererseits Menschen, die eben doch alles auf einmal wollen: Karriere im Beruf, ein erfülltes Privatleben mit vielen Kindern, viel Zeit für Urlaub und Hobbys. Beide Beispiele sind aus meiner Sicht leider zum Scheitern verurteilt.

Meine Gedanken

....

....

....

Ziele

Kommen wir zur Symbiose, quasi zur Krönung: Unsere Ziele! Ziele sind wie unser Herzschlag: Sie geben den Takt und die Intensität unseres Handelns vor. Die hohe Kunst besteht darin, hier in der Quantität wie in der Qualität der Zielsetzung die individuell richtige Messlatte anzulegen: Die persönliche Gratwanderung zu meistern zwischen dauerhafter Demotivation aufgrund fehlender oder zu niedrig angesetzter Ziele einerseits und ständiger Überforderung durch unerreichbar hohe Zielsetzungen andererseits, die dann ebenfalls eher entmutigend wirken. Ziele sind ein starker Motivator, wenn sie zu uns und in unser Leben passen, andernfalls werden sie auch schnell zur Bremse.

Wie nun setzen Sie sich bzw. erreichen Sie Ihre Ziele am besten? Ein zu Ihnen und Ihrem aktuellen Leben wirklich passendes, gewinnbringendes, konkretes und vor allem auch erreichbares Ziel erfüllt ganz bestimmte Kriterien – daran lässt es sich stets messen und schnell von bloßen Wünschen bzw. Träumereien unterscheiden:

Echte Zielqualitäten

Ist Ihr Ziel

- eigenmotiviert?
- positiv und attraktiv?
- nicht vergleichend?
- im klaren Zusammenhang (was, wann, wo, wie)?
- sinnlich konkret erfassbar (sehen, hören, erleben)?
- in mehreren Zieletappen messbar?
- Ihre Stärken und Ressourcen nutzend?
- auch für Ihre Umgebung verträglich?
- von Beginn an gut organisiert?

Bitte prüfen Sie schon Ihr nächstes Ziel auf diese Merkmale.

Meine Gedanken

....

....

....

....

9. Mehr Entscheidungsfreude

Klare Prioritäten zu haben und sich die richtigen, motivierenden Ziele zu setzen macht unser Leben attraktiv, spannend und reich an tollen Perspektiven für die Zukunft. Eines jedoch steht vielen Menschen geradezu im Weg: ihre mangelnde Entscheidungskraft! Wohl nichts verbaut Menschen so viele wertvolle Chancen, kaum etwas ist für einen selbst und Betroffene in der Umgebung so negativ, nervenaufreibend und verwirrend wie permanente Zögerlichkeit. Wohl gemerkt: Ich spreche hier nicht von einer überlegten Entscheidung, der berühmten Nacht, die manche Menschen einfach über eine größere Sache schlafen müssen, ehe sie eine klare Entscheidung treffen können, oder vom sehr sorgfältigen Überprüfen einer wirklich großen Entscheidung, die das ganze Leben verändern kann. Mit Zögerlichkeit und mangelnder Entscheidungskraft ist hier etwas ganz anderes gemeint: nämlich mehr Energie in die Angst vor jedem nur möglichen Fehler zu investieren als in die Entscheidungsinhalte an sich – das oft nicht enden wollende Abwägen, Hin- und Herüberlegen, das rationale und emotionale Verwirrspiel, das, je länger es andauert, überhaupt keine klare Entscheidung mehr zulässt.

Bestimmt haben Sie das auch selbst schon einmal erlebt: Sie hatten eine Entscheidung zu treffen, waren auch bereits entschlossen und haben dann, warum auch immer, die aus der Entscheidung resultierende Konsequenz bzw. Handlung aufgeschoben, aufgeschoben und nochmals aufgeschoben. Was passiert dann meistens? Irgendwann sind Sie selbst so verwirrt und frustriert, dass Sie überhaupt keine Entscheidung mehr fällen werden.

Mein Tipp: Um ein solches Chaos sicher zu vermeiden, empfehle ich Ihnen, sich für die Entscheidungsphase ein ganz klar definiertes Zeitfenster zu setzen – und es dann auch einzuhalten. Sollten Sie sich z.B. innerhalb dieser Zeit, aus welchen Gründen auch immer, nicht entscheiden können oder wollen, dann brechen Sie den Aktionszeitraum bitte ab und setzen die Entscheidung lieber ein paar Tage später erneut auf die Agenda. Also, nur Mut zur guten Entscheidung – stets in dem sicheren Wissen, dass eine Entscheidung *für* etwas gleichzeitig fast immer auch heißt, sich auf der anderen Seite gegen etwas anderes zu entscheiden.

Meine Gedanken

....

....

....

10. Veränderung/ neue Herausforderungen

Haben Sie sich Ihr Leben gut eingerichtet – genießen Sie es, Ihren typischen Tagesablauf zu kennen und die anstehenden Aufgaben mit Routine zu erledigen? Das ist gut so. Es sei denn, es handelt sich dabei überwiegend um unbewusste Gewohnheiten, die Ihnen überhaupt nicht guttun oder auf die Sie im Grunde genommen schon lange keine Lust mehr haben. Beides wirkt auf Dauer demotivierend, Kräfte raubend und äußerst Lust reduzierend. Viel empfehlenswerter ist hier ein gelungener Mix aus einer breiten Basis an Sicherheit durch Routine auf der einen Seite und einer regelmäßigen Prise an gewünschter Veränderung und neuen Herausforderungen auf der anderen Seite. Denn Veränderung bedeutet nicht nur anderes Handeln, sondern auch neues Denken – und Herausforderungen tragen es bereits im Begriff mit sich, dass sie uns fordern und dadurch eben auch fördern. Beides zusammen hält uns im Kopf jung, flexibel und aktiv. Es ist wie bei einem Sportler, der seine Muskulatur trainiert: Macht er es immer nur auf einem Weg, mit denselben Übungen und Intensitäten, so fehlt bzw. reduziert sich irgendwann einfach die gewünschte Wirkung. Genauso ist es auch mit unserem Geist und Verhalten: Nur wenn wir offen durch die Welt gehen und bereit sind für Neues, werden wir gewohnte Pfade verlassen, anders denken, fühlen, erleben und uns dann auch anders verhalten.

Stellen Sie all Ihre Gewohnheiten bitte einmal in Ruhe auf den Prüfstand. Entledigen Sie sich möglichst vieler negativer, Lust raubender Verhaltensweisen und überlegen Sie sich darüber hinaus einmal, was Sie Neues oder anderes tun könnten. Nach dem Motto: Nur neues Verhalten bringt neue Resultate.

....

....

....

Meine Gedanken

11. Mehr Leichtigkeit durch gelebte Stärken

Kaum etwas wirkt auf einen selbst und auf andere Menschen so angenehm, wie souverän und mit großer Leichtigkeit durchs Leben zu gehen. Solche Menschen strahlen den ganzen Tag Ruhe, Zufriedenheit und ein Höchstmaß an Glaubwürdigkeit aus, weil sie alles, was sie tun, mit wenig Energie vollbringen.

Klingt traumhaft, oder? Das sieht tatsächlich nach richtig viel Lebensqualität aus. Die Frage ist: Werden diese Menschen so geboren, oder kann jeder von uns eine kräftige Portion mehr Leichtigkeit in sein Leben tragen? Letzteres ist die richtige Antwort, denn ein solches Leben erfolgt stets im Zusammenspiel mehrerer, sich wechselseitig direkt positiv beeinflussender Ursache- / Wirkungsfaktoren, nämlich:

Spaß – Können – Übung – Leichtigkeit – Lust – Erfolg

Womit Sie hier auch immer anfangen, ist egal: Ob Sie etwas tun, weil Sie es anfänglich tun sollen, Sie sich dieser Aufgabe aus vollem Herzen annehmen, Sie es durch ständige Übung immer besser können, es Ihnen dadurch immer leichter fällt, dann irgendwann plötzlich Spaß macht und Sie mehr und mehr Lust auf die damit einhergehenden Erfolgserlebnisse haben. Oder ob Sie etwas immer wieder tun, weil es Ihnen einfach Spaß macht, Sie Lust darauf haben, Sie es dann natürlich durch permanentes Training mit immer mehr Leichtigkeit noch besser können und sich dadurch automatisch Erfolgserlebnisse einstellen. Unterschiedlich an diesen beiden Beispielen ist allein die anfängliche Ursache – die Wirkung ist stets gleich.

Die beiden Hauptverursacher für mehr Leichtigkeit im Leben, quasi die Initialzünder, sind Lust und Können. Eines von beiden, an den Anfang einer Handlung gestellt, setzt die genannte positive Wirkungskette in Gang. Übrigens ist dies z. B. auch die Basis für die meisten Hobbys von Menschen: Entweder sie tun in ihrer Freizeit etwas, worauf sie Lust haben, das sie gerne lernen wollen, oder sie verbringen ihre Zeit mit einer Tätigkeit, die ihnen liegt, die sie eben einfach gut können.

Mir bleiben an dieser Stelle für Sie zwei wertvolle Ratschläge: Tun Sie das, was Sie manchmal eben tun müssen, einfach mit mehr Lust oder, und das ist natürlich der Königsweg, richten Sie Ihr privates und berufliches Leben noch sehr viel mehr darauf aus, was Sie wirklich gut können. Bauen Sie in Ihren Alltag so viel wie möglich an Zeit für Tätigkeiten ein, die zu Ihren Stärken zählen, und genießen Sie, wie gut Ihnen das tut.

Meine Gedanken

....

....

....

12. Häufiger tun, was guttut

Im letzten Kapitel haben Sie die Frage beantwortet, ob Sie sich für das, was Ihnen guttut, auch genügend Zeit nehmen. Egal, was Sie dort geantwortet haben – es setzt voraus, dass Sie, wie übrigens die allermeisten Menschen, sehr genau wissen, was für Sie gut ist. Hier geht es besonders darum, dass Sie es sich noch einmal richtig bewusst machen und aufschreiben. Gerne mit der erneuten Prüfung, ob Ihre ursprüngliche Antwort Bestand hat, Sie sich wirklich regelmäßig Gutes tun und Sie genug an Lust, Begeisterung, Leichtigkeit und den damit einhergehenden Erfolgserlebnissen genießen. Als unversiegbare Energiequelle ist dies optimal, um die Lebensbatterien aufzuladen.

Meine Gedanken

....

....

....

13. Fitness / Vitalität erhöhen

Ich will mich hier gerne kurz fassen, denn es gibt wahrlich mehr als genug gute, auf das Thema Fitness und Vitalität spezialisierte Ratgeber. Warum spreche ich es dennoch an? Weil es in direktem Zusammenhang mit unserem Thema und unserer Zielsetzung steht: Denn Lust, Begeisterung und alle sonstigen Formen der positiven Emotionalität benötigen einfach auch ein Mindestmaß an Vitalität und körperlichem Wohlbefinden. Denken Sie gerne an diese schönen Dinge des Lebens, wenn Sie schwer krank im Bett liegen? Sind Sie begeistert und motiviert, wenn Sie morgens völlig übernächtigt aufstehen? Steigt in Ihnen etwa die Lust, wenn Sie sich den Magen so richtig mit schwer verdaulichen Speisen vollgeschlagen haben? Wohl kaum, oder? Natürlich ist das selbst in diesen Momenten möglich, allerdings nur sehr bewusst, mit Aufwand und dem mentalen Know-how, das Sie sich in den folgenden Kapiteln aneignen: gute Gefühle, selbst gemacht! Nur bitte – gerne wiederhole ich es noch einmal – als emotionale Kür, als zusätzliche Option auf dem starken Fundament einer bereits vorhandenen Lust-Basis.

Viel einfacher, schneller und leichter geht es, wenn Sie sich wirklich wohl »fühlen«. So wie zum Beispiel nach dem Sport. Überlegen Sie jetzt bitte einmal kurz: Wie gut fühlen Sie sich, wie leicht sind die Gedanken in Ihrem Kopf, wenn Sie sich beim Joggen, Radfahren usw. wieder einmal richtig verausgabt haben, morgens hellwach aufstehen oder ein wohlschmeckendes, leicht verdauliches Essen genossen haben?

Wie, womit halten Sie sich am besten fit – wie sorgen Sie für den notwendigen, stimulierenden Schuss an Vitalität?

Meine Gedanken

....

....

....

14. Liebe und Zuneigung

Die Liebe ist unser aller Lebenselixier, Zuneigung zu anderen Menschen eine tolle emotionale Zusatzquelle für jede Menge gute Gefühle, Lust und Leidenschaft. Haben Sie sich schon einmal gefragt, wie und wie oft Sie Ihren Mitmenschen ganz bewusst Ihre Zuneigung schenken? Wie (oft) Sie an Ihren liebsten Menschen denken und wie Sie ihm Ihre intensiven Gefühle zeigen? Wir sprachen schon darüber, wie wichtig es ist, welches Bild wir von unserem Partner, lieben Freunden usw. im Kopf haben, wie entscheidend es sein kann, auf welche Art und Weise Sie Ihre Liebe und Zuneigung zeigen. Und darüber, dass Ihre Emotionalität gehegt, gepflegt und regelmäßig durch gute Taten trainiert sein will. So auch Gefühle der Liebe und Zuneigung! Es reicht einfach nicht, nur an diese Gefühle zu denken. Dies ist lediglich ein guter Anfang. Ja, wir können unsere Gefühle gar nicht oft genug zeigen, dem Menschen durch unser eindeutiges Handeln und Verhalten signalisieren, wie wir für ihn empfinden. Denn Emotionen brauchen auch Feedback, die Reaktion des anderen. Dann haben beide Seiten einen echten Gewinn an Sicherheit, Vertrauen und positivem Lebensgefühl.

Meine Gedanken

....

....

....

Mit den beiden Charaktereigenschaften Freundlichkeit und Fairness ist es wie beim Lob: Es fällt stets auch auf den zurück, tut auch demjenigen gut, der es praktiziert hat. Kennen Sie den Spruch »Wie man in den Wald hineinruft, so schallt es wieder heraus«? Daran ist wirklich viel Wahres, und so zahlen sich auch Freundlichkeit und Fairness auf Dauer immer aus. Manchmal brauchen wir ein wenig Geduld, müssen sogar das oft gegenteilige Verhalten anderer Menschen erdulden. Bleiben Sie bei Ihrer positiven Linie und schauen Sie einfach darüber weg. Oder, falls Sie die Möglichkeit haben, geben Sie solchen Menschen ein Feedback, machen Sie ihnen ihr unsoziales Verhalten ruhig einmal bewusst, dann allerdings bitte auf eine richtig nette Art.

15. Freundlichkeit und Fairness

Meine Gedanken

....

....

....

Zwei weitere besonders wertvolle Charaktereigenschaften, die uns alle nichts kosten und allen Beteiligten nur guttun, sind Lob und Anerkennung. Andere Menschen loben und deren Leistung anerkennen zu können beweist wahre Größe. Es sind die wohl eindeutigsten Anti-Neidfaktoren, der sichere Ausdruck dafür, andere neben sich selbst wachsen und erfolgreich sein lassen zu können. Oft braucht es einfach eine Initialzündung – jemanden, der mit Lob und Anerkennung anfängt. Sie werden sehen: Kaum begonnen, schließen sich andere schnell Ihrem Verhalten an.

16. Lob und Anerkennung

Meine Gedanken

....

....

17. Dankbarkeit und Vorfreude

Sich im Leben Ziele zu setzen und diese zu erreichen, ist das eine – sich selbst dafür bzw. für das Erreichte dann auch wirklich dankbar zu sein und die Früchte der Arbeit ganz bewusst zu genießen das andere. Wie oft mühen wir uns ab, um endlich ans gewünschte Ziel zu gelangen. Kaum ist dies erreicht, denken wir nicht mehr daran und wenden uns neuen Aufgaben zu.

Dasselbe gilt beim Dank für die Unterstützung anderer, die wir meistens auf unserem Weg brauchen: Wäre da oft nicht einfach mehr als ein bloßes »Danke!« angebracht? Ein paar richtig nette Worte, die den anderen deutlich spüren lassen, dass ich z. B. seinen Rat wirklich zu schätzen weiß? Genauso ist es mit der Vorfreude: Wir könnten das herrliche Gefühl der Freude schon ausgiebig genießen, lange bevor das Ziel erreicht ist. Dann haben wir viel mehr davon, tun unseren Emotionen viel länger etwas Gutes. Nicht umsonst heißt es: »Glück ist kein Ziel, sondern ein jederzeit möglicher Zustand.«

Meine Gedanken

....

....

....

18. Humor und Selbstironie

Wie oft bringen Sie sich selbst und andere Menschen durch Ihren Humor zum Lachen? Wann haben Sie das letzte Mal über sich selbst gelacht, als Sie sich tollpatschig aufgeführt, sich einfach dumm verhalten oder einen Fehler gemacht haben? Eine gute Portion an Humor und Selbstironie sagt viel über den Charakter, die Lebenseinstellung und den inneren Zustand des jeweiligen Menschen aus: nämlich große Lust auf gute Laune und eine positive Stimmung zu haben – an allem auch etwas Positives sehen zu können und sich selbst nicht zu ernst bzw. zu wichtig zu nehmen. Wenn das keine tollen Voraussetzungen für ein erfülltes, positives Leben sind! Also: Behalten Sie Ihren Humor-Faktor bitte gut im

Auge – und seien Sie schon jetzt bereit, gleich bei der nächsten Dummheit einmal herzhaft über sich selbst zu lachen.

Meine Gedanken

....

....

....

19. Wirkungsvolle, emotionale Sprache

PowerSprache ist ein separater, spannender Abschnitt im nächsten Teil des Buches. Schon an dieser Stelle sei gesagt: Sprache ist für unseren Lebenserfolg einfach unerlässlich! Denn sie ist, ob gesprochen oder als Körpersprache, unser allerwichtigstes Ausdrucksmittel: Wir transportieren damit unsere Gedanken, Gefühle, Absichten und natürlich auch Inhalte – also stets Information und Emotion. Wer damit unbewusst oder gar fahrlässig umgeht, dem drohen harte Konsequenzen, mindestens jedoch ein deutlicher Verlust seiner Überzeugungskraft und seines persönlichen Wirkungsgrades. Auch zeigt das, was wir sagen, wessen geistiges Kind wir sind. Die Art und Weise, wie wir sprechen, macht wiederum unsere aktuelle Stimmungslage deutlich. Sprache ist Beeinflussung: Jeder Satz, jedes Wort beeinflusst Sie selbst und Ihre Zuhörer. Die informativen Botschaften sind dabei wichtig – die emotionalen meistens entscheidend. Und das können Sie ganz aktiv nutzen.

Meine Gedanken

....

....

....

20. Handeln statt erwarten

Kennen auch Sie Menschen, die ständig von anderen etwas erwarten und bitter enttäuscht sind, wenn dies nicht eintritt? Die immer noch daran glauben, irgendwann von irgendwem »entdeckt« zu werden, ohne ständig etwas dafür zu tun – wohl allein aufgrund ihrer verborgenen inneren Werte? Erwartungen sind wie Enttäuschungen: Man fokussiert lieber die anderen und deren Handlungsweisen, als selbst etwas Gutes zu wagen. Schade, denn kaum etwas ist für die Qualität Ihres (Er-)Lebens wohl so wichtig wie Ihr eigenes aktives Denken und Handeln. Denn das alleine gibt Ihnen schon ein gutes Gefühl, Sie sind Mitspieler statt nur Zuschauer, haben viel mehr Einfluss auf das, was geschieht, und erarbeiten sich dadurch ein deutliches Plus an Zusatzchancen aller Art.

Meine Gedanken

....

....

....

Step 2:
Das PowerSprache-System

4. Mehr Lust mit System

Mit Worten (ver-)führen!

Haben Sie sich schon gefragt, warum manche Menschen

- andere allein mit Worten sofort in ihren Bann ziehen?
- stets auffallen, souverän wirken und positiv herüberkommen?
- in Gesprächen glänzen, überzeugen, mehr verkaufen?

Die Antwort ist verblüffend einfach: Diese Menschen können mit anderen faszinierend gut umgehen. Sie besitzen die Fähigkeit, spontan den persönlichen Zugang zu Mitarbeitern oder Kunden zu finden, ihr Vertrauen zu gewinnen und sie gezielt von ihrem Anliegen zu überzeugen. Ihre emotionale Sprache – gesprochen oder auch als Körpersprache – spielt dabei stets die Hauptrolle.

Genau hier setzt das PowerSprache-System an: Es liefert Ihnen das konkrete Know-how, es diesen außergewöhnlich erfolgreichen Menschen gleichzutun.

Das PowerSprache-System basiert auf drei gleichwertigen, hochwirksamen Bausteinen, die erst im Zusammenspiel miteinander die volle Wirkung bzw. Überzeugungskraft entfalten:

Drei Bausteine

1. *Das »Glücksquadrat«:* Hier geht es um Ihre persönliche Performance. Ausgangspunkt ist die Erfahrung, dass nur derjenige seine volle Ausstrahlung, Wirkung und Überzeugungskraft entfalten wird, der sich in einem richtig guten, im Idealfall sogar exzellenten inneren Zustand befindet. Das Glücksquadrat ist der einfache mentale Weg, um mehr Einfluss auf die eigenen Stimmungen und Gefühle zu erlangen sowie diese aktiv und gezielt positiv zu steuern.

2. *Der »Erfolgskreislauf«:* Überzeugungskraft mit System, so lautet hier das Ziel. Denn es geht darum, die selbst aktivierten positiven Gefühle auf andere Menschen zu übertragen. Präzise Wahrnehmung, wertvolle Angleichungsprozesse – die Basis für Sympathie-, Vertrauens- und Beziehungsaufbau als alles entscheidende Voraussetzung, um Menschen glaubwürdig führen und überzeugen zu können.

3. *PowerSprache:* Stimmt die persönliche Performance, wird der Erfolgskreislauf wirkungsvoll und glaubwürdig praktiziert, dann ist es höchste Zeit für diese ganz besonders positive, konkrete, verbindliche und hochemotionale Sprache. Neben einem ganz bestimmten Vokabular spielt bei dieser Sprache besonders das Wie der verbalen und nonverbalen Kommunikation die Hauptrolle. Die ersten beiden Schritte sind daher dringende Voraussetzung.

Emotionen sind das A und O – ohne echte Lust keine positive Wirkung! Wahrlich entscheidend dafür sind die elf goldenen Spielregeln.

Die elf goldenen Spielregeln

Diese Spielregeln sind von so entscheidender Bedeutung, dass ich sie Ihnen wärmstens ans Herz lege: als Lebensgefühl und als neue innere Einstellung!

1.	Glaubwürdigkeit ist das »A und O«. Seien Sie echt, handeln Sie aus tiefer Überzeugung.
2.	Ihr Erfolg beginnt im Kopf: Was denken Sie gerade? Stimmungen haben Sie nicht, Sie machen diese selbst: Ihre Körpersprache, Sprache und Mimik sind die Folge!
3.	Positive Gefühle übertragen sich, negative leider auch. Menschen »kaufen« zuerst Emotionen, dann Argumente.
4.	Wahrnehmung als beste Informationsquelle. Beachten Sie Situation, Details, Menschen, Stimmungen.
5.	Der erste Eindruck zählt, der letzte Eindruck bleibt! Zuerst Sympathie wecken, zuletzt verbindlich verhalten.
6.	Gemeinsamkeiten fördern das Vertrauen. Gleichen Sie sich in Sprache, Sprechweise, Stimmung an.
7.	Kommunikation ist der Schlüssel, ist immer Sprache *und* Körpersprache, transportiert stets Information *und* Emotion, lebt von klaren Worten durch klare Gedanken und wird erst durch ein klares Ziel erfolgreich.
8.	Was Sie sagen, ist wichtig, das Wie oft entscheidend. Informationen sind vergleichbar, Emotionen einzigartig.
9.	Feedback ist die Erfolgskontrolle. Entscheidend ist, wie gut Sie bei anderen »ankommen«.

10.	Menschen fasziniert das Besondere: *Be different!* Leidenschaftlich und anders sein fällt besonders auf.
11.	Jeder Mensch ist ein Verkäufer. Sie verkaufen Produkte, Ideen, Ziele – oder sich selbst.

1. Glaubwürdigkeit als A und O

Alles, wovon hier die Rede ist, basiert besonders auf einem Punkt: Glaubwürdigkeit! Auf wohl kaum etwas regieren andere Menschen so positiv bzw. ablehnend wie auf vorhandene oder auf fehlende Glaubwürdigkeit. Wohl nichts öffnet oder verschließt andere Herzen so schnell, motiviert und beeindruckt so sehr oder demotiviert so stark.

Glaubwürdigkeit ist der höchste Ausdruck von Echtheit – ein wahres Gütesiegel, unser persönlicher Fingerabdruck und die Eintrittskarte in die Welt anderer Menschen, die Erlaubnis, deren Sympathie und Vertrauen gewinnen zu dürfen.

Glaubwürdigkeit ist stets ein deutlich erkennbarer Einklang im ganzheitlichen Verhalten eines Menschen, von anderen selten bewusst, meistens unbewusst wahrgenommen. Es ist die klare Übereinstimmung zwischen Worten und Taten – zwischen dem, was ein Mensch verbal sagt, und dem, was sein nonverbales Verhalten über seine Haltung, Gestik, Mimik und seinen Blick ausdrückt.

Glaubwürdigkeit ist somit, vereinfacht gesagt, ein emotionaler Diskrepanzabgleich zwischen verbalem und nonverbalem Verhalten. Emotionen spielen die Hauptrolle, sind die Entscheider. Bestimmt haben Sie es schon erlebt: Sie unterhalten sich mit einem Menschen, verstehen sich gut, und doch haben Sie danach ein ungutes Gefühl, dass hier irgendetwas nicht stimmte. Umgekehrt erleben Sie Persönlichkeiten, denen Sie jedes Wort abkaufen, ihnen vertrauen und sich von ihnen führen lassen. Beobachten Sie demnächst einmal, wo die Unterschiede liegen.

Glaubwürdigkeit als A und O für jeden Erfolg entspringt unserem natürlichen (non-)verbalen Verhalten und resultiert aus echter Lust, purer Leidenschaft und wahrhafter Überzeugung!

2. Ihr Erfolg beginnt im Kopf

Unser Denken bestimmt unser Verhalten. Fast jeder von uns hat es schon oft gehört, doch leider kaum jemand handelt wirklich danach: Der Erfolg beginnt im Kopf!

Würde ich Ihnen jetzt gegenüberstehen, dann würde ich tief in Ihre Augen sehen, sehr genau auf Ihre Reaktion achten und Sie mit großer Eindringlichkeit und wahrer Leidenschaft wirklich inständig bitten, ab jetzt und für immer daran zu denken:

> **Alles, was Ihr Verhalten erfolgreich macht, tun Sie selbst!**
> **Gefühle haben Sie nicht, Sie erzeugen diese selbst.**
> **Ihre Stimmungen kommen und gehen nicht einfach,**
> **Sie allein bewirken diese.**

Und auch Ihre so wichtige Körpersprache, verbale Sprache und Mimik sind keine Ursache, sondern allein die Folge Ihres Denkens und der dadurch spontan ausgelösten Emotionen. Ein Mensch, der von etwas wirklich begeistert und überzeugt ist, verhält sich völlig anders als einer, der unsicher ist. Glaubwürdigkeit, Sympathie und Vertrauen leben genau davon, oberflächliches »Erfolgsverhalten« und Schauspielerei bringen hingegen wenig!

Sind Sie mit Mittelmaß zufrieden? Dann vergessen Sie, was oben steht. Denn aus meiner 20-jährigen Erfahrung wage ich hier zu sagen: Echte Spitzenleistungen entstehen nur im Kopf!

3. Gefühle übertragen sich

Die goldene Spielregel Nr. 3 führt uns einen wichtigen Schritt weiter: Es geht um die erfolgreiche Konsequenz daraus, dass wir unsere Gefühle selbst erzeugen.

> **Gefühle übertragen sich: Ihre positiven**
> **Emotionen übertragen sich auf andere Menschen,**
> **negative Stimmungen leider auch!**

So bedeutend es schon allein ist, endlich die Verantwortung für unsere eigenen Emotionen zu übernehmen, so entscheidend ist es für Sie, von Ihren Zielen und Ihrer Lebensqualität zu wissen, wie sehr und direkt Sie damit Menschen in Ihrem Umfeld beeinflussen. So ist es auch nicht allein Ihre Sache, wie gut Sie sich z. B. jetzt gerade fühlen, sondern Sie bestimmen damit immer auch ganz direkt die Qualität Ihres aktuellen Lebens, jetzt z. B. die Intensität des Erlebens dieser wichtigen Zeilen. Sie werden Ihre Gefühle auch stets irgendwie mitteilen, andere unfreiwillig daran teilhaben lassen. Stimmen Ihre Gefühle? Prima! Laufen Sie allerdings mit schlechter Laune durch die Welt, was dann?

Denken Sie bitte an verschiedene Menschen in Ihrem privaten und beruflichen Umfeld: Welche Stimmungen gehen von diesen Personen aus? Und überlegen Sie einmal, worauf Sie jetzt mehr Lust haben: auf Stimmungskanonen oder Miesepeter?

Je mehr es uns gelingt, auf unsere Gefühle Einfluss zu nehmen, diese klar und positiv auszurichten, desto mehr werden wir mit diesen Emotionen auch andere Menschen anstecken, begeistern und überzeugen. All dies geht spielerisch einfach und ist doch mehr als ein Spiel: unsere beste Chance oder unser Schicksal.

4. Wahrnehmung als beste Informationsquelle

Aktive und feine Wahrnehmung ist der Schlüssel zum Erfolg! Denn sie erfüllt zwei äußerst wertvolle Aufgaben gleichzeitig:

1. Information (Mensch, Situation, Stimmungen)
2. Feedback (Reaktionen der Umgebung)

Wollen wir unsere Wahrnehmung schärfen bzw. intensivieren, so bedeutet dies, unsere Augen und Ohren wirklich zu öffnen, sehr genau hinzusehen und hinzuhören – und neben unserem Verstand manchmal auch mehr unserem Bauchgefühl, d. h. unseren Instinkten, zu vertrauen. Tun wir dies, am besten aus einer positiven Neugier auf Menschen und Situationen heraus, dann stehen uns alle Tore offen: Wir erhalten wichtige Informationen, sehen das Verhalten anderer, hören und spüren deren Stimmungen und wissen dann, wie wir am besten darauf reagieren, was zu tun ist. Fehlen uns diese Informationen, dann agieren wir lediglich auf gut Glück: Fehler, Missverständnisse, ein Mangel an Überzeugungskraft sind dann vorprogrammiert.

Denn erst wenn wir die Randbedingungen erfasst haben, genau wissen, wie der andere »tickt«, was ihn interessiert, worauf er am stärksten reagiert, und vor allem, in welcher Stimmung wir ihn abholen, können wir wirklich optimal agieren.

Umgekehrt ist Wahrnehmung das Feedbackinstrument Nr. 1! Denn nur durch genaues Beobachten, indem wir wirklich aktiv hinsehen und hinhören, wissen wir, ob, wie und wie gut unser Gesprächspartner auf unsere Fragen, Aussagen usw. reagiert. Es ist wie eine Erfolgsmessung – wir erfahren, ob wir mit unserem Verhalten richtig liegen oder ob wir unser Handeln besser ändern, lieber anders auf den anderen eingehen sollten.

Fazit: Wahrnehmung ist ein echter Meilenstein für Ihren Erfolg!

5. Schicksal oder Chance – die Macht der Eindrücke

Wann immer wir mit anderen Menschen zu tun haben, etwas von oder gemeinsam mit ihnen erreichen wollen, bestimmen zwei besondere Momente darüber, wie erfolgreich wir sind. Es sind der erste und der letzte Eindruck.

Während der erste Eindruck gerade zu Beginn der (Gesprächs-) Situation über Sympathie und Vertrauen, Erwartungshaltung und Aufmerksamkeit unseres Gegenübers entscheidet, bewirkt der letzte Eindruck, wie nachhaltig überzeugend und abschlussstark, wie zielorientiert, konkret und verbindlich wir sind: Wir bestimmen, was im Kopf anderer hängen bleibt.

Beides ist für uns erfolgsentscheidend: Der erste Eindruck entscheidet darüber, wie leicht bzw. schwer wir es im Gespräch haben werden, der letzte Eindruck darüber, wie gut wir anderen unser Produkt, unser Ziel oder oft auch unsere Idee verkaufen. Die Erfahrung zeigt leider immer wieder, dass gerade in diesen beiden so wichtigen Momenten, unbewusst, ohne Absicht und unbemerkt, viele Fehler gemacht werden, die die Erfolgsaussichten dann meist entscheidend einschränken.

Daher meine große persönliche Bitte an Sie: Setzen Sie sich jetzt gleich mit den folgenden Seiten ganz besonders aktiv auseinander – selbst wenn Sie glauben, in diesen Momenten bereits erfahren und erfolgreich zu sein.

Der erste Eindruck zählt

Das Motto lautet: Sympathie, Vertrauen und Beziehung aufbauen. Wie oft reden wir darüber, fast jeder weiß um die besondere Bedeutung dieses im wahrsten Wortsinn oft nur wenige Sekunden andauernden »kurzen Augenblicks«, und doch passieren gerade hier aus Unachtsamkeit oder Unkenntnis oft viele Fehler bzw. Missverständnisse mit quasi tragischer Wirkung.

Drei Fragen drängen sich an dieser Stelle auf:

1. Was ist der erste Eindruck?
2. Was genau passiert dort?
3. Warum ist dieser so entscheidend?

Der erste Eindruck entsteht, wenn sich zwei Menschen zum ersten Mal begegnen. Nehmen wir am besten wieder Ihr Gespräch beim Kunden, den Sie zum ersten Mal besuchen. Stellen Sie sich bitte vor, Sie begegnen ihm in seinem Büro: Sie öffnen die Türe, schauen in den Raum hinein und orten Ihren Gesprächspartner hinten rechts an seinem Schreibtisch sitzend. Während Sie nun die Türschwelle überschreiten, schaut Ihr Kunde von seinem Schreibtisch hoch, steht auf und läuft ebenso auf Sie zu. In diesen wenigen Sekunden, vom ersten Wahrnehmen über das Aufeinanderzulaufen bis zum begrüßenden Händedruck haben Sie meistens bereits beide Ihren jeweils ersten Eindruck gewonnen, manchmal sogar, ohne ein Wort gewechselt zu haben. In der Regel ist diese Phase allerdings eher nach der Begrüßung, dem ersten Blickkontakt und Wortwechsel beendet. Das Ergebnis: Sie werden in eine der drei Schubladen gesteckt, die unser aller Schicksal bedeuten. Diese können zwar unterschiedlich heißen, sind für Sie allerdings nach dem ersten Eindruck alle gleichermaßen nur äußerst schwer wieder zu öffnen, geschweige denn zu wechseln. Die Schubladen, in denen wir nach wenigen Sekunden landen, heißen: »sympathisch«, »nichtssagend«, »unsympathisch«. Alles anhand der typischen Parameter, anhand derer Menschen sich ihren ersten Eindruck bilden, den vielen Oberflächlichkeiten und kleinen Unterschieden, anhand derer sie über ihre Gunst oder auch Missgunst entscheiden:

- Äußerlichkeiten (Kleidung, gepflegtes Äußeres)
- Körpersprache (Haltung, Gang, Mimik, Blick)
- Sprache (Wortwahl, Sprechweise)

Und wissen Sie, was? Am schlimmsten finde ich die Schublade »nichtssagend«. Denn von anderen beim ersten Eindruck dort hineingesteckt zu werden, bedeutet ja, nichts bewirkt zu haben, völlig austauschbar zu sein, keine individuelle Duftnote hinterlassen zu haben. Das sind übrigens diejenigen Menschen, an die Sie sich schon nach kürzester Zeit nicht mehr erinnern können – erinnern Sie sich?

Haben Sie Mut zur Aussage, betrachten Sie es als völlig normal, dass andere Menschen längst nicht immer Ihrer Meinung sind, sich manchmal einfach nicht für Ihr Thema interessieren (lassen) und Sie auch einmal nicht mögen. Ganz im Gegenteil: Solange Ihnen dies passiert, sind Sie noch richtig unterwegs – als Individuum, das für etwas steht.

Äußerlichkeiten

Gehen wir den ersten Eindruck einmal kurz und griffig an einem Beispiel durch: Stellen Sie sich vor, Sie begegnen einem Menschen auf einem langen Flur und laufen aufeinander zu. Was sehen Sie aus größerer Entfernung zuallererst? *Äußerlichkeiten*, die Kleidung. Und so sehr wir auch heute glauben, in einer liberal denkenden Welt zu leben, so sehr gilt auch oder gerade heute: Kleider machen Leute! Sind Sie etwa anderer Meinung? Dann fragen Sie sich selbst einmal, wie sehr Sie Ihrem Versicherungsfachmann vertrauen würden, der Sie abends zuhause in einer abgewetzten Jeans und einem fleckigen T-Shirt aufsucht – und dann macht es Ihnen ganz sicher auch nichts aus, selbst einmal

Ihren nächsten Kunden anders gekleidet aufzusuchen: nämlich in einem quittengelben oder orangefarbenen Anzug, Sie haben die Wahl.

Tatsächlich machen wir auch heute noch sehr viel an Äußerlichkeiten wie Kleidung, Schmuck, Tattoos usw. fest. Wir haben, gerade im beruflichen Kontext, ein festes Bild davon, wie ein Mensch einer bestimmten Berufsgruppe auszusehen hat: der Banker im blauen Anzug, der Arzt in Weiß. Was ist nun das richtige Äußere, gibt es das überhaupt? Nein, was zählt ist allein, dass Ihr Äußeres und Ihre Kleidung dem Anlass und Gesprächspartner angemessen sind. Als junger Vertriebsingenieur ging ich zum Beispiel durchaus in einer Jeans zur Besprechung bzw. Inbetriebnahme einer Anlage auf die Baustelle, während ich den Geschäftsführer oder den Einkäufer eines Unternehmens dann eher im Anzug aufsuchte.

Körpersprache

Kommen wir zur *Körpersprache*, einem Hauptkriterium, oft sogar K.o.-Kriterium, das über unseren ersten Eindruck entscheidet.

Beim ersten nonverbalen Eindruck zählen besonders

- Haltung
- Gang (Schrittgeschwindigkeit)
- Blickkontakt
- Händedruck
- Mimik

Stellen wir uns wieder unser Beispiel vor: Sie laufen in einem langen Gang auf einen Menschen zu, haben das Äußere wahrgenommen. Was beachten Sie als Nächstes, wenn auch meist noch sehr viel unbewusster als beim Blick auf die Kleidung, das Äußere usw.? Die Körpersprache.

Denn so wenige von uns auch in bewusster Deutung derselben geschult sind, so sehr verstehen wir alle diese älteste Sprache ganz unbewusst. Oder müssen Sie etwa in einem Buch die Interpretation nachlesen, wenn ein Mensch mit erhobener Keule und verzerrter Mimik schnell auf Sie zuläuft. Genauso wenig brauchen Sie

Übersetzungshilfe, wenn ein lieber Freund, den Sie vom Bahnhof abholen und lange nicht gesehen haben, freundlich lächelnd, mit offenen, ausgestreckten Armen auf Sie zueilt – Sie werden es ihm wohl automatisch gleichtun.

Unsere Körpersprache offenbart vieles, allerdings meist ohne dass uns selbst dies bewusst ist. Heißt das im Umkehrschluss, dass ich Ihnen ab sofort und jederzeit bewusst gesteuerte Körpersprache anrate? Nein, keineswegs, denn dies wäre wohl der brutalste und offensichtlichste Angriff auf unser höchstes Gut: unsere Glaubwürdigkeit. Es geht anders, viel einfacher, denn Ihre Körpersprache ist keine Ursache, sondern Folge Ihrer aktuellen Gedanken, positiven Stimmung und Einstellung.

Beim ersten verbalen Eindruck zählen

- Sprache (Niveau) und
- Sprechweise (Lautstärke, Tempo, Dialekt usw.).

Hier entscheiden besonders Lautstärke und Deutlichkeit, ob Sie z. B. sicher oder unsicher, engagiert oder eher leidenschaftslos wirken. Doch dazu lesen Sie später noch mehr.

Sie haben sehr viel Einfluss darauf, wie gut Ihr eigener erster Eindruck ausfällt. Sind Ihre Gedanken, Ihre innere Einstellung, wirklich positiv, haben Sie Lust auf die Situation und den Gesprächspartner, dann fallen auch Ihre Sprache, Körpersprache und speziell Ihre Mimik sehr gewinnbringend und sympathisch auf.

Der letzte Eindruck bleibt

Das Motto lautet: Ergebnisse sichern, Verbindlichkeit ist A und O. So wichtig Ihr erster Eindruck für Sympathie- und Vertrauensaufbau sowie den erfolgreichen Gesprächsverlauf ist, so entscheidend ist Ihr letzter Eindruck als bleibender Abschluss der Situation. Wahre Könner wissen um die Bedeutung der letzen Sekunden bzw. Minuten. Denn erst hier werden – mit etwas Mut, Klarheit, Zielbewusstsein und einer kräftigen Portion an Verbindlichkeit – die vorangegangenen Diskussionen, Argumente und erzielten Pluspunkte zu echten Ergebnissen, die über Erfolg oder Misserfolg entscheiden.

Mit Ihrem letzten Eindruck meine ich weit mehr, als sich am Ende des Gesprächs nur brav vom Gegenüber zu verabschieden bzw. Höflichkeitsfloskeln auszutauschen: Für Ihren letztendlichen Erfolg ist allein entscheidend, welche konkrete Aussage, welches Maß an Verbindlichkeit und welche emotionale Glaubwürdigkeit im Kopf Ihres Gesprächspartners hängen bleibt. Mit Ihrem letzten Eindruck, der übrigens weit vor der Verabschiedung beginnt, bestimmen Sie das Ergebnis Ihres Gesprächs: Einerseits helfen Sie Ihrem Gesprächspartner bei einer für ihn richtig guten Entscheidung innerhalb eines von Ihnen vorgegebenen Entscheidungskorridors. Denn die meisten Menschen sind nun einmal tendenziell eher entscheidungsschwach, brauchen den kleinen, entscheidenden Motivationsruck. Auf der anderen Seite handelt es sich für Sie um einen Soll-Ist-Abgleich Ihrer ursprünglichen Zielsetzung: Hier wird offensichtlich, wie viel bzw. wie gut Sie Ihr vorab gesetztes Gesprächsziel erreicht oder auch verfehlt haben. Alles andere ist leider wertlos und die beste Beratung z.B. im Verkaufsgespräch bringt Ihnen rein gar nichts, wenn am Ende der Gewinn bringende Abschluss fehlt.

Unachtsamkeiten

Und gerade in dieser letzten Phase passieren die allermeisten Unachtsamkeiten und Fehler. Dieselben Personen, die im Gespräch durch viele Fragen geführt, mit dem Gegenüber souverän diskutiert, vielleicht sogar mögliche Einwände gekonnt pariert haben, werden, sobald diese Phase greifbar wird, schlagartig anders. Ihr komplettes Verhalten verändert sich. Sie werden plötzlich, oft fast wie »auf Knopfdruck«, unverbindlich, ein Konjunktiv jagt den anderen, die Aussagen und Fragen werden schwammig, der Blickkontakt und die Körpersprache ausweichend.

Warum nur tun sich selbst gestandene Persönlichkeiten gerade in dieser Phase so schwer – woran liegt es, dass wir uns hier so ungern festlegen und nicht auf den Punkt kommen wollen? Es liegt genau daran: an der plötzlich dringend notwendigen Klarheit, Eindeutigkeit und Verbindlichkeit. Das Spiel ist vorbei, jetzt wird es »ernst«. Das ist wie im Sport: Kennen auch Sie Trainingsweltmeister, die immer Bestleistungen bringen, solange es nicht darauf ankommt? Kaum steht der Wettkampf bevor, verändern sie sich und bleiben vor den Kampfrichtern stets weit unter ihrem Leistungsvermögen. Oder ehemalige Mitschüler bzw. Kommilitonen, die sichtbar besser bzw. wissender waren als Sie, jedoch in jeder Prüfung versagten bzw. schlecht abschnitten?

Dafür gibt es einen einzigen Grund: Es geht um die Angst vor der Blamage, des Versagens und im Gespräch speziell um die Angst vor der Ablehnung bzw. dem »Nein« des Kunden. Und um dies zu vermeiden bzw. zu verzögern, steuern wir lieber möglichst lange um das Ziel bzw. die Entscheidung herum – statt Flagge zu zeigen und die Entscheidung zu unseren Gunsten aktiv herbeizuführen. Wir lassen dem Gegenüber lieber noch Spielraum für seine Entscheidung und geben uns oft gerne mit einem »Vielleicht« oder »Demnächst« zufrieden, anstatt die klare Entscheidung zu suchen und herbeizuführen und lieber auch einmal ein klares Nein in Kauf zu nehmen – schon allein um die entscheidungsfreudigen, »kaufbereiten« Gesprächspartner bzw. Kunden von bloßen Zeitdieben und ohnehin bereits anders festgelegten Menschen zu unterscheiden. Denn bei Letzteren wird jede weitere Mühe und Initiative sowieso keine Früchte tragen.

Es ist wie beim Werben um einen Partner: Es regiert die Angst vor dem Korb, die Furcht vor Ablehnung. Dabei hat diese Einstellung meiner Ansicht nach mit einem völlig falschen, quasi schicksalhaften Bild zu tun – als ginge es um unser Leben.

Es ist allein die eigene Einstellung, die das Ganze schwierig bzw. unangenehm macht. Natürlich hört wohl niemand von uns gerne ein »Nein«, erhält keiner gerne einen Korb. Und doch ist es von der inneren Einstellung her von so entscheidender Bedeutung, dies im Leben, ob privat oder im Beruf, als möglich und völlig natürlich zuzulassen, ohne es zu persönlich zu nehmen oder gleich gekränkt zu sein. Manchmal passen die Menschen oder Dinge einfach nicht zueinander. Seien Sie froh über jeden, der Ihnen dies offen und ehrlich sagt, statt irgendwelche dummen Scheineinwände vorzuschieben. Klar ist, dass hier ganz besonders der Ton die Musik macht. Wenn Sie einmal auf der ablehnenden Seite stehen, dann achten Sie in dieser heiklen Situation ganz besonders darauf, dass Sie Ihrem Gegenüber die weniger angenehme Botschaft ein klein wenig versüßen und annehmbarer machen – durch die freundliche Art und Weise, in der Sie ihm dies klarmachen. Umgekehrt gehen Sie ein Nein bzw. eine Ablehnung bitte auch anders an als üblich: spielerischer, auf jeden Fall mit mehr Leichtigkeit und, wenn es sich um ein berufliches Nein handelt, mit mehr Spontaneität und Kreativität. Denn das Nein des Kunden ist oft ein wertvoller Anfang! Hier sind drei klare Empfehlungen dazu:

1. Beim Nein beginnt das wahre »Verkaufen«

Empfehlungen

Es trifft jeden von uns einmal; das Nein gehört einfach zu unserem Leben dazu, und es ist völlig normal, natürlich und sogar kalkulierbar, dass wir es irgendwann zu hören bekommen. Durch unser erfolgreiches Vorgehen, und darum geht es uns in diesem Buch ja besonders, können wir die »Nein-Quote« natürlich minimieren und zur immer selteneren Ausnahme machen. Und doch wird es passieren. Beim Nein beginnt das wahre Verkaufen, das ist unsere Kür des Lebens, hier trennt sich die Spreu vom Weizen. Alles davor nennt sich im Verkauf lediglich »Beratung« oder »miteinander reden« – alles angenehm, gut und wichtig zwar, doch nie den Erfolg finalisierend. Echter Erfolg entsteht allein durch klare Worte, verbindliches Verhalten – eben Abschlüsse!

Die besten Überzeugungstäter, »Verkäufer« aller Art, sind diejenigen, die Menschen nicht nur im Gespräch überzeugen und emotional an sich binden, sondern diese ab einem selbst definierten Zeitpunkt auch zum konkreten Handeln motivieren und zum gewünschten Abschluss führen können. Dazu gehört nun einmal der Mut zur Verbindlichkeit in Wort und Tat, kombiniert mit einer kräftigen Portion Entschlossenheit. Wenn Sie selbst diese Qualitäten nicht bieten, wie können Sie dann von Ihrem Gegenüber spontane Entscheidungsfreude erwarten?

Bitte bedenken Sie: Ihr Gegenüber, Ihr Kunde *darf* nicht nur, sondern er *will* meistens von Ihnen geführt werden, erwartet dies von Ihnen sogar. Denn die allermeisten Menschen sind tendenziell entscheidungsschwach, brauchen externe Unterstützung, einen kleinen Ruck, um zu endgültigen Gedanken zu kommen. Und daher ist klar, warum die häufig mangelnde Verbindlichkeit und Entschlossenheit vieler Verkäufer oder Chefs die Kunden bzw. Mitarbeiter verunsichert und oft sogar von bereits gefassten Entschlüssen wieder abbringt.

Entscheidungsschwäche überwinden

2. Dem Nein auf den Grund gehen

Bei den meisten Menschen herrscht spontan völlige Rat-, Taten- und Mutlosigkeit, wenn sie von ihrem Gegenüber ein Nein zu hören bekommen. Tatsächlich scheint dies und unsere Angst vor dem »Nein« wohl meistens darin begründet, dass wir dies als viel zu absolut, quasi endgültig und unabänderbar bewerten. Manchmal ist es ja auch so – allerdings längst nicht immer! Denn oft bedeutet ein »Nein« des Gesprächspartners oder des Kunden tatsächlich etwas ganz anderes.

> **Das Nein bedeutet oft »so nicht« oder »jetzt nicht«.**

Überlegen Sie jetzt bitte einmal, wie oft Ihr Nein, Ihr Zögern, auf sehr kippeligen Füßen steht – und wie schnell Sie bei einem etwas anderen, für Sie angenehmeren bzw. sympathischeren Verhalten des Gegenübers, bei der kleinsten Änderung im Inhalt oder bei Bedingungen »umfallen« würden. Wie oft entspringt unser Nein bzw. unsere spontane Ablehnung sogar allein reiner Rechthaberei oder dem Gefühl mangelnder Wertschätzung.

Und so gibt es viele gute Gründe zu vermuten, dass auch das Nein anderer Menschen zumindest in vielen Fällen alles andere als unumstößlich bzw. endgültig ist. Ist es nicht toll, dies zu wissen und ab sofort fest als eine völlig neue, positive innere Einstellung zu verankern?

Merken Sie jetzt sogar ganz spontan, um wie viel leichter auch für Sie ein solch vermeintliches Nein anzunehmen ist, wenn Sie ihm einen breiten Bedeutungsspielraum zuordnen? Stellen Sie sich bitte vor, Sie gehörten ab sofort zu denjenigen zugegeben seltenen »Überzeugungstätern«, die ein Nein als persönliche Herausforderung betrachten, danach erst richtig loslegen und folgendes, völlig Unübliches tun: sich dafür bedanken!

Sich für das Nein bedanken

»Herr Kunde, herzlichen Dank für Ihr offenes Wort!« Ja, Sie haben richtig gelesen: Der wohl unüblichste und von daher spontan aufmersamkeitssteigerndste und sofort positive Weg, der die typischerweise drohende Konfrontation entspannt, ist tatsächlich, sich für das Nein des anderen zu bedanken: spontan, ausdrücklich und in aller Form! Denn Menschen rechnen mit allem anderen – sei es mit Ihrer spontanen Rat- und Sprachlosigkeit oder dem leider so typischen Begründen und Rechtfertigen der eigenen Meinung, des Preises usw. Nur mit einem rechnen sie nicht: nämlich damit, dass Sie ab sofort völlig anders sind als der Durchschnitt und sich für eine ablehnende Haltung sogar noch bedanken. Das fällt auf, hebt Sie sofort positiv vom langweiligen Einerlei der anderen Gesprächspartner ab – und das ist noch längst nicht alles: Denn es entsteht bzw. verstärkt sich ganz spontan das gerade in dieser wichtigen Situation so entscheidende Vertrauen. Die Menschen öffnen sich wieder, vergeben Pluspunkte, weil sie manchmal dieses unübliche Verhalten sogar sympathisch finden. Unübliches macht Sie einzigartig!

Tun Sie in dieser Situation ab sofort Unübliches und sammeln Sie viele wertvolle Pluspunkte, indem Sie sich für ein Nein bedanken, und zwar

- **sofort und mit namentlicher Anrede,**
- **voller Wertschätzung und echtem Verständnis,**
- **mit Blickkontakt und einem Lächeln.**

Das ist die Champions-League der professionellen Reaktion! Ihr Gesprächspartner wird darüber vielleicht kurz verdutzt sein, anschließend jedoch völlig entspannt, hoch erfreut, manchmal sogar geradezu begeistert, auf jeden Fall wieder offen für Sie sein! Denn erwartet hat er auf seine Ablehnung eher das schon fast voraussagbare Verhalten, einen Konflikt oder die Notwendigkeit, begründen oder sich sogar rechtfertigen zu müssen.

Die Situation ist wieder völlig entspannt, wirkt auf den anderen mit Sicherheit angenehm unüblich, bewirkt oft sogar aktiv ein spontanes, wohlwollendes Überprüfen des Nein (denn wer sagt einem sympathischen Gegenüber schon gerne Nein) und verstärkt Sympathie und Vertrauen. In dieser entspannten Situation, die durch Ihr positives Verhalten hervorgerufen wird, ist es ideal, das Nein gezielt zu hinterfragen.

- *»Ich verstehe Sie natürlich, Sie werden gute Gründe haben. Eine Bitte: Sagen Sie mir: Woran liegt es?«* Oder:
- *»Darf ich Sie fragen, aus welchen Gründen?«*

Als positive Folge der geleisteten Vertrauensarbeit sind die meisten Gesprächspartner in der Regel sehr offen, wollen Ihnen gerne etwas Gutes tun und nennen die wahren Hintergründe, wie z. B.

- *»So können wir das einfach nicht machen« (= so nicht).* Oder:
- *»In diesem Jahr ist es einfach unmöglich« (= jetzt nicht).*

Manchmal wiederholt sich natürlich auch ein klares Nein. Und dann lassen Sie es bitte gut sein.

Auf die wahren Hintergründe gezielt reagieren

Handelt es sich allerdings um eine der viel wahrscheinlicheren »So nicht-« bzw. »Jetzt nicht«-Situationen, dann ist noch einmal Ihre volle Spontanität, Flexibilität und Ihr offensiver Tatendrang gefragt. Hören Sie also eine der genannten oder ähnliche Antworten, dann hinterfragen Sie diese bitte präzise, mit z. B.:

- *»Wie meinen Sie das?«*
- *»Wie darf ich das verstehen?«*
- *»Was müsste passieren, damit es doch geht?«*
- *»Wann wird sich das wohl ändern?«*
- *»Schade, haben Sie nicht große Lust auf Zusammenarbeit?«*

Und spätestens auf eine dieser Fragen erhalten Sie mehr als die offenen und doch meist unspezifischen Antworten. Jetzt erfahren Sie die Hintergründe der Ablehnung. Hören Sie bitte sehr genau zu und noch genauer hin: Es ist Ihre zweite Chance, die beste Basis für Ihre neue Argumentation!

3. Ein klares Nein spart viel Zeit

Ist das Nein tatsächlich so gemeint, dann ist dies natürlich zu akzeptieren – vorläufig jedenfalls. Hier gilt es, die Situation auf angenehmste Art und Weise zu beenden und keine weitere Zeit zu investieren. Tun Sie bitte noch dies: Lassen Sie genau bei der Verabschiedung, scheinbar nebensächlich, noch eine Inspiration bzw. ungeklärte Frage zurück, die Ihren Gesprächspartner garantiert interessieren bzw. ihn im Nachhinein beschäftigen wird. So haben Sie gute Karten, dass bald das Telefon klingelt. Und: Schenken Sie ihm abschließend noch ein gutes Gefühl!

Verbindlichkeit – der Stoff, aus dem Erfolge sind

Was verbinden Sie mit dem Begriff »Verbindlichkeit«? Verbinden Sie damit etwa Unfreundlichkeit, Überrumpelung, Bedrängen oder sogar die Übervorteilung anderer Menschen? Diese und ähnliche Reaktionen erlebe ich nämlich häufig, wenn ich Menschen darauf anspreche, sie frage, warum sie sich im alles entscheidenden Moment doch wieder zögerlich, unentschlossen und so wenig verbindlich verhalten haben. Welch ein unnützer Irrglaube! Denn genau das Gegenteil ist der Fall:

> **Verbindlichkeit ist die höchste Form der sozialen Kompetenz, ein deutlicher Ausdruck von Freundlichkeit, Freundschaft und Wohlwollen.**

Denn was sonst könnten Sie anderen Menschen wohl Besseres bieten als die Klarheit über Ihr Zielbewusstsein, kombiniert mit der Echtheit und Ehrlichkeit im Handeln – in welcher Situation auch immer? Und mag Verbindlichkeit für viele Menschen auch noch so ungewohnt sein, weil leider viel zu selten praktiziert: Sie ist Ausdruck praktizierter Fairness.

Es geht um den Mut zu mehr (freundlicher) Verbindlichkeit! Unser letzter Eindruck soll in unserem Gesprächspartner etwas Gewünschtes bewirken und etwas Bleibendes hinterlassen. Und genau dafür ist nun einmal Verbindlichkeit das A und O. Wie nun sind Sie in diesen Momenten verbindlicher?

Verbindlichkeit

1. **ist eine glasklare, zielgerichtete innere Einstellung, die sich durch Ihr Verhalten nach außen manifestiert.**
2. **lässt sich in der Außenwirkung auf andere durch bewusstes Verhalten gezielt herbeiführen, unterstützen und verstärken.**

Echte, glaubwürdige Verbindlichkeit hat auch wieder in erster Linie zu tun mit einer glasklaren, äußerst fokussierten und stets ein ganz konkretes Ziel ansteuernden inneren Einstellung. Denn Verbindlichkeit ist, genau wie bei unserer Körpersprache bereits ausführlich beschrieben, nicht ursächlich, sondern eine reine Wirkung: Nur wer verbindlich denkt, kann auch genauso handeln. Und Verbindlichkeit im Denken wiederum setzt klare Prioritäten und Ziele voraus. Und das wird Ihnen leichtfallen.

Denn einerseits werden Sie sich künftig schon allein aufgrund Ihrer neuen positiv-differenzierteren Betrachtung des zuvor so sehr gefürchteten Nein automatisch viel konkreter verhalten, weil Sie mit diesem Wörtchen ab sofort viel besser umgehen können. Die Angst davor ist Ihnen genommen, mehr Leichtigkeit kommt ins Spiel und praktische Erfolgserlebnisse häufen sich.

Wirkung unterstützen

Auf der anderen Seite lässt sich Verbindlichkeit in ihrer Wirkung nach außen eben auch sehr gezielt unterstützen bzw. verstärken, denn es handelt sich dabei um ganz bewusstes verbales und nonverbales Verhalten, das Sie steuern können:

Verbindlichkeit zeigen bzw. verstärken Sie am besten folgendermaßen:

1. Verbal:

- Kurze Sätze wählen
- Indikative statt Konjunktive
- Konkrete Formulierungen (am … um …)
- Wer, was, wann, wo, wie viel … statt ob
- Feste Stimme, deutlich sprechen
- Ton am Satzende abfallend
- Gegenüber mit Namen ansprechen

2. Nonverbal:

- Aufrechte Haltung bzw. Sitzposition einnehmen
- Fester Blickkontakt
- Positive Mimik

6. Gemeinsamkeiten fördern das Vertrauen

Was Sie später im »Erfolgskreislauf« noch sehr viel genauer kennenlernen, sollten Sie jetzt schon einmal gehört haben: Es geht um Angleichung, das heißt das ganz bewusste Fördern und Verstärken von Gemeinsamkeiten, die Annäherung an das durch genaue Beobachtung festgestellte Verhalten des Gesprächspartners. Sich ein wenig anzugleichen genügt.

Unser gewünschtes Ziel: Gemeinsamkeiten schaffen Vertrauen. Was bedeutet dies für Sie und, vor allem, wie geht es konkret? Nun, wenn Sie z. B. Menschen beobachten, die sich lieben oder miteinander befreundet sind, dann stellen Sie viele unbewusste Angleichungsprozesse fest. Das sicher beste Beispiel ständigen Angleichens sind Verliebte: Diese gehen im Gleichschritt auf Augenhöhe, schauen sich regelmäßig und meist sogar gleichzeitig tief in die Augen, lachen miteinander, haben eine offene, aufeinander bezogene Körpersprache und sie sind neugierig aufeinander, interessieren sich für jedes noch so kleine Detail am oder im Leben des anderen – Sympathie und Vertrauen pur.

Das ist das Grundprinzip des positiven, vertrauensvollen und erfolgreichen zwischenmenschlichen Miteinanders. Liegt es nicht auf der Hand, dieses Verhalten umgekehrt bewusst und ganz gezielt auf unsere sonstigen Beziehungen zu Mitarbeitern und Kunden zu übertragen? Ja, natürlich – und es funktioniert.

Suchen, finden und fördern Sie Gemeinsamkeiten. Gleichen Sie sich in Sprache, Sprechweise, Stimmung, Thema usw. ein wenig an. Am besten dort, wo es Ihnen besonders leichtfällt.

7. Kommunikation ist der Schlüssel

Jetzt will ich Sie gerne kurz und knapp für einige besonders wertvolle Grundgedanken unserer Sprache sensibilisieren. Später werden Sie diese und weitere Facetten sehr ausführlich als PowerSprache kennen- und sicher schnell schätzen lernen.

Es gibt grundlegende Zusammenhänge, die wir fast alle kennen, doch leider viel zu selten praktizieren. Fast so, als würden wir viele prickelnde Gewürze kennen und diese beim Kochen dann nicht verwenden. Das Ergebnis: Es schmeckt zwar, allerdings nicht halb so gut, wie es munden könnte. Es fehlt die Feinabstimmung, die Würze, das Gesamterlebnis.

Genauso ist es mit Ihrer Sprache: Irgendwie reden können wir wohl alle, uns mit vielen Worten verständlich machen. Die Kunst, mit Sprache virtuos umzugehen, jedes einzelne Wort zu zelebrieren und vor allem mit wenigen Worten eine geballte Wirkung zu erzielen, das bleibt jedoch den meisten versagt. Es liegt an mangelndem Grundkönnen (das Wissen haben wir!) und fehlendem Bewusstsein für die Zusammenhänge.

Wenn Menschen von Sprache sprechen, dann meinen sie meist das gesprochene Wort. Das wäre noch o.k., jedoch zeigt sich in der Praxis, dass fast ausschließlich die verbale Kommunikation und dort noch am ehesten die Wortwahl Beachtung erfährt. Das ist allerdings so, als würden wir einen reinrassigen Sportwagen mit angezogener Handbremse fahren: Das Temperament fehlt!

Und genauso ist es mit unserer Sprache. Natürlich kann eine angemessene Wortwahl förderlich sein, ist die Größe unseres aktiven Wortschatzes Ausdruck unserer Bildung und für ein gutes Gespräch auf hohem Niveau die beste Voraussetzung. Jedoch meint das Wort »Sprache« sehr viel mehr: zum Beispiel die Sprechweise, die Art und Weise, wie wir reden. Dort gibt es viele so genannte

Ausdrucksmittel, wie Lautstärke, Tempo, Betonungen und Pausen, die unser Sprechen für andere lebendig, dynamisch und abwechslungsreich machen. Das wird in späteren Kapiteln behandelt. Ganz zu schweigen von der nonverbalen Kommunikation, also unserer Körpersprache wie Mimik, Gestik, Blickkontakt usw. Was lässt sich alles an Gefühlen – Freude genau so wie Trauer – ausdrücken, ohne ein einziges Wort zu sprechen. Und so ist auch die Körpersprache unserer Gesprächspartner oft sogar aussagekräftiger als deren viele Worte.

Ebenso wichtig ist es, sich immer wieder vor Augen zu führen, dass Sprache, jedes einzelne Wort, immer Information und Emotion gleichzeitig transportiert. Auf den Inhalt achten wir meistens (oft viel zu sehr!), auf die emotionale Begleitbotschaft kaum. Große Gefahr lauert dann, Misstöne bzw. -stimmungen werden ohne Absicht produziert oder nicht wahrgenommen. Daher meine große Bitte: Beachten Sie besonders das Wie!

Klare Worte entstehen durch klare Gedanken, das leuchtet wohl jedem ein. Alles, was Sie sprechen, haben Sie kurz zuvor gedacht. Sind die Gedanken unklar bzw. unkonzentriert, dann klingt die Sprache und vor allem die Sprechweise ebenso. Wir reden zögerlich, verworren und in Schachtelsätzen. Also: Erst denken, dann reden. Ihr Gegenüber dankt es Ihnen.

Ähnlich sieht es mit Gesprächszielen aus: Erst durch eine klare, konkrete Zielsetzung für das jeweilige Gespräch entsteht auch eine souveräne, zielsichere und verbindliche Verhaltensweise. Denn nur wenn Sie wissen, was Sie wollen, wissen Sie auch, was zu tun ist. Daher keine Gesprächsführung ohne klares Ziel.

8. Das Wie entscheidet

Viele Menschen hören es nur ungerne, aber es ist tatsächlich so: Der Inhalt des Gesagten ist wichtig, die Art und Weise, wie Sie es sagen, jedoch meistens entscheidend! Denn Menschen reagieren am allerstärksten auf Menschen und deren Emotionen. Nichts bewegt die Welt so sehr, hält sie so in Gang bzw. manchmal sogar in Atem wie die von Menschen verursachten Emotionen: Begeisterung, Freude, Leidenschaft, Mitleid, Trauer, Zorn, Wut und

Ärger. Wann immer eine dieser Emotionen auftaucht, ob positiv oder negativ, hat sich das sachliche, von unserer Gesellschaft erwünschte, antrainierte konforme Verhalten schnell erledigt: Menschen werden ganz Mensch, zeigen ihr wahres Gesicht, ihre Wünsche, Sehnsüchte und tief verwurzelten Instinkte. Alle diese Emotionen übertragen sich über unsere Körpersprache (besonders die Mimik!) und die verbale Sprache (bestimmte Worte, besonders das Wie!).

Die Emotionen sind es, die uns aus der Ruhe, aus der Nulllage unseres Verhaltens, bringen – und genau dies ist unserer Mimik und Gestik dann anzusehen und unserer Sprache anzuhören. Beides ist Ausdruck unseres emotionalen inneren Zustandes. Bei Freude z. B. wird die Gestik lebendiger, wir lächeln und die Sprechweise wird meist lauter, schneller und sehr viel betonter. Unsicherheit hingegen führt oft zu reduzierter Körpersprache und äußerst verhaltener Sprechweise (leiser, langsamer, wenig Betonung).

> **Sprache und Körpersprache sind Spiegelbild unserer Emotionen. Diese machen uns einzigartig – Informationen nicht!**

9. Feedback ist die Erfolgskontrolle

Erst durch genaues Beobachten erhalten wir in der Situation und von den Gesprächspartnern das wertvolle Feedback, das uns in unserem Vorgehen und Handeln bestätigt – oder uns ein anderes Verhalten nahelegt. Wir reden hier von Zeichen, z. B. von erkennbaren »Kaufsignalen«, die Ihnen deutlich machen, wie aufmerksam Ihr Gesprächspartner ist, ob bzw. wie sehr Sie ihn mit Ihren Argumenten und Fragen erreichen und wie stark Sie ihn emotional überzeugen.

Typische Kaufsignale sind z. B:

- verstärkte Gestik und Mimik, Lächeln,
- regelmäßiger Blickkontakt,
- offene Zustimmung, interessierte Fragen,
- Aussagen / Fragen, die in die Zukunft projiziert sind,
- zunehmende Begeisterung in der Sprache des Gegenübers.

Achten Sie bitte ganz besonders auf Sprache, Blickkontakt und die Mimik Ihres Gesprächspartners: Wie konkret und verbindlich redet bzw. fragt er, werden aus Konjunktiven immer mehr Indikative, wird seine Sprache emotionaler? Wie häufig treffen sich Ihre Blicke, schaut der andere Sie bei Fragen direkt an? Und wie gut steht es um sein sichtbares Wohlfühlen, die Zufriedenheit und Zustimmung – wie klar und deutlich steht ihm dies ins Gesicht geschrieben? Nirgendwo zeigt ein Mensch so sehr seine Emotionen wie in seiner Mimik!

Feedback ist die Nahrung echter Champions. Denn entscheidend ist, wie gut Sie bei anderen »ankommen«.

10. Menschen fasziniert das Besondere: Be different!

Gleich und Gleich gesellt sich gern – Gegensätze ziehen sich an! Das gilt heute vielleicht sogar mehr denn je. Als Verbraucher sind wir einer Flut von häufig widersprüchlichen Informationen ausgesetzt. Immer schwerer fällt es uns oft, mit einem vertretbaren Aufwand an Zeit und Energie das für uns Beste herauszufiltern. Wir suchen nach schnellen, klaren, objektiven (emotionalen) Kriterien, die uns die Entscheidung erleichtern.

Wir glauben, dass dabei unser Verstand entscheidet, und doch ist es meist die emotionale Qualität, eben die Sympathie und Glaubwürdigkeit, die wir mit dem Verkäufer, das Vertrauen, das wir mit einer Marke verbinden. Fehlt dies, wenden wir uns schnell den Zahlen zu, orientieren uns einfach am besten Preis. Ganze Branchen leiden heute darunter, nur noch über den Preis bewertet zu werden und dieser vernichtenden Vergleichbarkeit ausgesetzt zu sein – aus Mangel an Emotionalität und Service!

Umgekehrt befinden wir uns als Verkäufer in einem Massenmarkt und leider auch oft im Verdrängungswettbewerb. Hier erfolgreich zu sein bedeutet heute vor allem, überhaupt noch wahrgenommen zu werden, möglichst schnell und positiv aufzufallen. Denn eines ist klar: Alles um uns herum ist schnelllebig, der Verbraucher nimmt sich nur wenig Zeit für die Entscheidung, ob ihm unser Angebot gefällt – und falls nicht, dann werden wir einfach »weggezappt«, genau wie auch Sie es nach wenigen Sekunden beim Fernsehen machen, wenn Ihnen ein Programm nicht auf Anhieb gefällt. Alles hat mit Timing zu tun, besonders dann, wenn Sie Menschen überzeugen wollen.

Menschlich emotionale Marke

Ein möglichst kurzer, kräftiger Impuls muss also reichen, damit unser erster Eindruck auf den anderen wirklich »beeindruckend« ist. Was tun, wenn Sie nicht gerade zu den wenigen Glücklichen gehören, die über ein einzigartiges, unvergleichbares Angebot verfügen und dieses »verteilen« können, statt verkaufen zu müssen? Ganz einfach: Sie müssen als Mensch punkten! Besser gesagt sogar als menschlich emotionale Marke, die den anderen neugierig macht, ihm sympathisch ist, ihn in den Bann zieht und ihm ein richtig gutes Gefühl tiefen Vertrauens gibt.

Auffallen und wahrgenommen werden steht dabei am Anfang. Gerne durch klare Positionierung und Spezialisierung, jedoch bitte besonders durch das außergewöhnliche Verhalten und die Einstellung, die jeden Menschen fast vorhersehbar fasziniert: emotionale Kompetenz.

Gemeint ist Ihre echte Lust, Leidenschaft und Begeisterung! Reden Sie nicht darüber, zeigen Sie Kunden diese Emotionen. Kaum etwas wirkt auf einen Menschen so ansteckend, motivierend und überzeugend wie dieses emotionale Verhalten – nichts ist so eindeutig, glaubwürdig und Sympathie stiftend. All dies sind Folgen Ihrer inneren Einstellung, Ihrer Gedanken.

Be different – seien Sie anders! Beobachten Sie den Markt, den Wettbewerb, verhalten Sie sich untypisch und positiv anders. Wollen Sie Beispiele? Bitte: Rufen Sie Kunden einmal »ohne Grund« an. Dann wird denen schnell klar, dass es Ihnen um mehr als nur um das Geschäft geht. Schweigen Sie am Anfang eines Gespräches, überlassen Sie die ersten Worte anderen: *Non-Talk* statt dem typischen Smalltalk des Verkäufers. Das fällt sofort positiv auf! Haben Sie Mut, einem Kunden auch einmal von der Zusammenarbeit abzuraten, wenn Sie nicht der oder die Beste für seine Bedürfnisse sind. Nächstes Mal sind Sie die erste Wahl!

Fallen Sie auf – seien Sie anders – werden Sie zur Marke!

11. Jeder Mensch ist ein Verkäufer!

Jeder Mensch ist ein Verkäufer! Irritiert Sie diese Aussage? Ja, es ist so. Jeder von uns hat tagtäglich andere Menschen zu überzeugen.

Verkaufen heißt,

- den notwendigen Bedarf decken und
- gezielt Wünsche wecken.

Der alleinige Unterschied besteht darin, was Sie verkaufen: Ob Sie klassisch verkaufen, also Ihren Kunden Produkte oder Dienstleistungen anbieten – oder ob Sie eher Mitarbeitern und den Menschen in Ihrem Umfeld Ideen, Ziele, Vorschläge usw. feilbieten. Wie auch immer, stets geht es um ein und dasselbe: Mitmenschen von Ihrem Anliegen zu überzeugen, es ihnen so schmackhaft, den positiven Nutzen so greifbar oder den klaren Gewinn an Spaß, Freude und Lebensqualität so spürbar zu machen, dass es für sie an Bedeutung gewinnt und sie kaufen wollen. Verkaufen heißt, emotionalen Mehrwert anzubieten.

Sie verkaufen immer – und stets zuerst Ihre Person! Denn egal was Sie verkaufen: Es geht immer um Emotionen. Es geht um die guten Gefühle, die Sie als Mensch ausstrahlen, im anderen bewirken, und den emotionalen Nutzen, den Ihr Angebot bietet.

Die erfolgreichsten »Verkäufer« haben es erkannt: Sie können sich selbst zunächst emotional positiv in Szene setzen, anderen anschließend im Gespräch zu richtig guten Gefühlen verhelfen und dann – und wirklich erst dann, wenn die Stimmung stimmt – »zur Sache« kommen, also ihr (sachliches) Angebot emotional spürbar, fast unwiderstehlich machen und den Kunden kaufen lassen.

Das Ziel: Ihr Weg zum PowerSprache-Champion

Eines hat die Erfahrung mit Tausenden von Seminarteilnehmern in den letzten zehn Jahren immer wieder ganz deutlich gezeigt: Diese sofort mit allen mächtigen Tools des PowerSprache-Systems auf einmal zu konfrontieren ist zu viel. Die Übersicht geht verloren, viele wollen dann alles auf einmal angehen bzw. verändern, und dann passiert meistens gar nichts!

Und das wäre genau das Gegenteil vom »Lust-Prinzip«, oder? Profitieren Sie hier einfach von diesen Erfahrungswerten, und lassen Sie sich von mir ganz spielerisch und mit garantiert hohem Genussfaktor (ver-)führen: Auf unserem Weg von

1. den PowerSprache-Basics über
2. den PowerSprache-Profi bis hin
3. zum PowerSprache-Champion.

Die Basis ist wichtig

Übrigens: Wenn ich oben nur noch von PowerSprache spreche, dann meine ich dort natürlich das »PowerSprache-System« – es hört sich so einfach besser an, oder? Auch sind alle drei Stufen von ihrer Bedeutung her mindestens gleichwertig. Manchmal verhindern z.B. in Vergessenheit geratene bzw. fehlende Basics sogar den möglichen Erfolg eines Champions. Also: Nehmen Sie sich gerade dafür Zeit, denn die Basis zählt.

Ein weiterer wichtiger Tipp: Investieren Sie in jeden der drei Know-how-Schritte bitte möglichst vier Wochen Zeit, die Sie benötigen werden, um das Gelernte zu verinnerlichen, die erfolgreiche Umsetzung in der Praxis zu testen, viel wertvolle Erfahrungen bzw. Feedback zu sammeln und echte Sicherheit in der Anwendung zu gewinnen. Erst wenn der eine Schritt wirklich sitzt, sind Sie auch im nächsten erfolgreich.

Stufe I: Die PowerSprache-Basics

Hier geht es um wertvolles Rüstzeug, auf dem alles Weitere in diesem System beruht: Sie entdecken das »Glücksquadrat« – den einfachen Weg, um mehr Einfluss auf Ihre guten Gefühle und Ihre Ausstrahlung zu erlangen und so Ihre gesamte persönliche

Performance zu steigern. Und natürlich genießen Sie bereits hier erste PowerSprache-Tools, um ab sofort mehr Bewusstsein für die Macht und Faszination Ihrer Sprache zu entwickeln.

Stufe II: Der PowerSprache-Profi

Sie erleben im »Erfolgskreislauf«, wie Sie Menschen mit System viel leichter überzeugen. Dann geht es um weitere PowerSprache-Tools: Ihre emotionale Sprache und Sprechweise, mit der Sie Ihre Wirkung auf andere ganz gezielt steigern, in Menschen Gefühle und Wünsche wecken können – z.B. mit »Magic Words«, »Nutzensprache« und wichtigen verbalen Ausdrucksmitteln, mit denen Sie sich vertraut machen. Und Sie genießen das »Glücksquadrat deluxe« – eine weitere wertvolle Möglichkeit, gute Laune ohne Grund herbeizuzaubern.

Stufe III: Der PowerSprache-Champion

Der PowerSprache-Champion verfügt über ein subtiles, hochwirksames Know-how: Deshalb machen Sie sich mit der Wirkung von »verneinten Befehlen« und »versteckten Botschaften« vertraut, erleben weitere Facetten und gönnen Ihrem Glücksquadrat den letzten Feinschliff. Sie entdecken den leichten Weg zu noch intensiveren emotionalen Zuständen: Wann immer Sie wollen!

Eines haben alle drei Stufen gemeinsam: Der konkret messbare persönliche Erfolg lebt von der möglichst schnellen, häufigen Anwendung in der Praxis. Also, warten Sie nicht, suchen Sie lieber aktiv nach Gelegenheiten bzw. Chancen, Ihr neues, wertvolles Know-how in tolle Erfolgserlebnisse umzumünzen.

5. Stufe I: Die PowerSprache-Basics

Die persönliche Performance zählt!

Bedeutung der Performance

Sie selbst sind das Zünglein an der Waage! Denn Ihre Entschlossenheit, Klarheit und positive Einstellung bestimmen Ihre Wirkung und damit Ihre Überzeugungskraft! Im ersten Schritt schaffen wir daher zunächst wertvolle persönliche Grundlagen und bereiten den Boden für alles Weitere. Sie erfahren von exzellenten inneren Zuständen, die Sie nicht einfach »haben«, sondern durch Ihr Glücksquadrat selbst aktiv erzeugen. Sie erfahren, warum die Klarheit und Vitalität Ihrer Gedanken und die Kenntnis der eigenen USPs – also Ihrer größten, vielleicht einzigartigen Stärken bzw. Fähigkeiten – für Sie so wichtig sind. Sie lernen, gezielt auf wertvolle Ressourcen zuzugreifen, um regelmäßig Ruhe und Kraft zu tanken. Wir reden über starke innere Überzeugungen, die Sie aufbauen, bevor Sie andere Menschen überzeugen wollen. Und darüber, wie Sie durch gezieltes Selbst-Marketing mehr Aufmerksamkeit bewirken, zielgerichtetes Verhalten an den Tag legen und Ihre allerbesten Entscheidungen treffen. Alles zusammen hat einen Namen: Ihre persönliche Performance – und die zählt!

> **Mit Performance ist Ihre innere Einstellung, Ihre grundlegend positive Stimmung und das richtige Maß an Selbstbewusstsein gemeint, das Sie Ihre größten persönlichen Stärken gezielt nutzen und Ihre kleinen Defizite gut verkaufen lässt.**

Die meisten Menschen kennen diesen Zusammenhang, und doch überlassen viele ihre Wirkung dem Zufall. Immer noch wird aus zufälligen Stimmungen heraus meist reagiert, anstatt gezielt zu agieren und auf die wichtigste Trumpfkarte überhaupt zu setzen: die persönliche Performance! Wer sich heute noch allein auf seiner Fachkompetenz ausruht, wer Menschen mit Durchschnittlichkeit langweilt, der macht sich schnell vergleichbar, leicht austauschbar und hat quasi schon verloren. Die Besten haben es erkannt: Sie »verkaufen« Menschen stets zweierlei – einen gekonnten Mix aus wichtiger Information, kombiniert mit einem gehörigen Schuss an persönlicher Glaubwürdigkeit, echter Leidenschaft und purer Emotion.

Starke Performance

Eine starke persönliche Performance heißt:

- auf Menschen charismatisch zu wirken,
- eine starke, positive Stimmung in sich selbst zu erzeugen,
- einfach gut drauf zu sein, wenn es darauf ankommt,
- mehr Einfluss zu haben, weniger beeinflussbar zu sein,
- die persönlichen USPs wirkungsvoll zu nutzen,
- kleine Schwächen gut zu verpacken,
- sich selbst, gute Ideen, Leistungen usw. besser zu verkaufen,
- also die »entscheidenden Momente« souverän zu meistern!

Heraus aus der Vergleichbarkeit, anders sein als die Masse, positiv auffallen – der beste Weg dorthin ist, die persönliche Wirkung und Überzeugungskraft zu stärken und individuelle USPs gezielt in die Waagschale zu werfen. Wer darauf verzichtet, der verschenkt ein gutes Stück an Erfolg, Freude und Lebensqualität.

So werden Sie Ihr eigener Gefühlsmanager

Kennen Sie charismatische Menschen? Dann wissen Sie, um wie viel leichter es diese seltenen Zeitgenossen haben! Sie wirken souverän, fallen auf, kommen bei anderen faszinierend gut an und glänzen einfach in allen entscheidenden Momenten. Charisma und damit Ihre persönliche Ausstrahlung, Wirkung und Überzeugungskraft hat einen Ursprung: Gute Gefühle! Und gute oder schlechte Stimmungen »haben« Sie nicht einfach – Sie haben diese selbst gemacht, und zwar tragischerweise meist unbewusst.

Experiment

Machen wir dazu ein Experiment: Denken Sie jetzt bitte an eine negative Situation, einen unangenehmen Zeitgenossen. Was genau ist dort passiert, wie haben Sie sich dabei gefühlt? Nach wenigen Sekunden denken Sie bitte wieder an die Gegenwart, schauen z. B. nach der Uhrzeit. Und nun beobachten Sie sich einmal selbst: Ist Ihre aktuelle Stimmung besser oder schlechter als vor dieser Erinnerung? Bemerken Sie, wie sehr Ihnen diese negativen Gefühle immer noch nachhängen – wie stark die zuvor unangenehmen Gedanken sogar noch jetzt Ihre Stimmung trüben?

Kommen wir gleich zum zweiten, positiven Teil dieser Übung: Denken Sie jetzt ganz intensiv an ein richtig tolles Erlebnis! An den wunderschönen Moment, das Erfolgserlebnis aus der Gegenwart oder Vergangenheit, das Sie so richtig genossen haben. Erleben Sie in Gedanken alles noch einmal so, wie es war: Sehen, hören und erleben Sie die Situation so intensiv wie nur möglich! Stoppen Sie dann, wenn es gerade am schönsten ist. Wie gut steht es nun um Ihre Stimmung: Fühlen Sie, wie sich Ihre Laune, Ihre Emotionen positiv verändert haben – spüren Sie vielleicht sogar angenehme Reaktionen in Ihrem Körper? Und wenn Sie jetzt noch in den Spiegel schauen würden …

Sie konnten soeben gerade selbst erleben, wie sehr Ihre eigenen Gedanken, Ihre Erinnerungen an Positives oder auch weniger Positives sofort Einfluss auf Ihre persönliche Stimmung haben. Und nicht nur dies: Denn mit Ihren positiven Gefühlen durch angenehme Gedanken verändert sich automatisch immer auch Ihre Ausstrahlung, Wirkung und Überzeugungskraft gegenüber anderen Menschen. Sie wirken positiv, authentisch und Vertrauen erweckend. Haben Sie sich einmal mit dem Zauber von Charisma beschäftigt, wollen auch Sie gerne Menschen mit Leichtigkeit faszinieren und in Ihren Bann ziehen können. Sie haben das viel diskutierte Geheimnis gelüftet, sind auf dem besten Weg dorthin: Ihre gezielt aktivierten positiven Gedanken sorgen genau für das Stückchen an mehr Wirkung und das Plus an Ausstrahlung, welches erfolgreiche, viel beachtete und bewunderte Charismatiker auszeichnet. Und nun überlegen Sie einmal:

Was alles wird sich in Ihrem privaten und beruflichen Leben zum Positiven verändern, wenn Sie künftig mehr Einfluss auf Ihre Stimmungen und Gefühle gewinnen – wenn Sie als Ihr eigener Gefühlsmanager selbst die Kontrolle haben und negative Beeinflussung anderer einfach nicht mehr zulassen, weil Sie ab sofort die richtigen Knöpfe drücken können – genau wissen, wie einfach es jederzeit geht.

Was Sie gerade selbst erlebt haben, ist das Glücksquadrat.

Das Glücksquadrat: Gute Gefühle, selbst gemacht

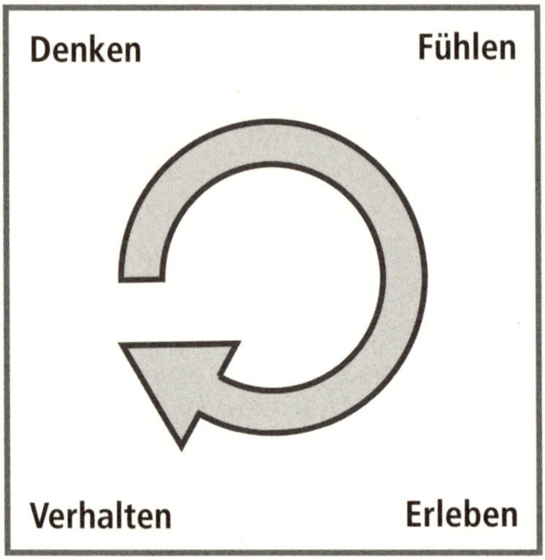

Das Glücksquadrat

Stellen Sie sich bitte vor, ich würde Ihnen jetzt eine »einzigartige« Chance bieten – nämlich die Gelegenheit, sich fünf Minuten lang vor 5000 gespannten Menschen zu präsentieren. Sie hätten fünf Minuten ungestört Zeit, einfach über sich selbst und den eigenen Lebensweg, die gesetzten Ziele usw. zu reden – wäre das nicht traumhaft? Für viele wohl nicht, das weiß ich! Denn schon auf dem Weg dorthin würden sie sich nicht besonders wohlfühlen, vor Ort die vielen Menschen als unangenehm, die Enge, die Wärme und die schlechte Luft als störend empfinden und sich dementsprechend auf der Bühne verhalten.

Ihre Gedanken bestimmen Ihr Verhalten!

Nehmen wir eine zweite Situation, die Sie sich jetzt gleich vorstellen. Denken Sie an Ihre Lieblingsband oder Ihren Lieblingsinterpreten und die Musik, die Sie genau damit verbinden. Jetzt sage ich Ihnen Folgendes: Ich habe eine riesengroße Überraschung für Sie: zwei Freikarten für ein Konzert Ihrer Lieblingsband heute Abend. Haben Sie Lust darauf? Was denken Sie nach dieser Ankündigung? Wahrscheinlich freuen Sie sich und bereiten sich ab sofort darauf vor. Schon auf dem Weg zum Konzert sind Sie in bester Stimmung, erleben die 5000 Menschen und die damit einhergehenden Nebenwirkungen wie Lärm, Enge und Wärme als völlig passenden Begleiteffekt eines Großkonzertes. Und spätestens sobald die ersten Stimmen bzw. Töne der Band erklingen, sind Sie begeistert, bewegen sich im Takt und genießen die Situation. Zwei völlig unterschiedliche Situationen mit einer Aussage:

> **Was auch immer Sie gerade denken, es löst in Ihnen garantiert ein genau dazu passendes Gefühl aus. Dieses positive oder auch weniger positive Gefühl ist dann dafür verantwortlich, ob Sie sich und die Situation, in der Sie sich gerade befinden, als angenehm oder unangenehm, erfreulich oder lästig empfinden.**

Verhalten ist die Folge der Gedanken

Und jetzt kommt das alles Entscheidende: So, wie Sie sich und die Situation erleben, so verhalten Sie sich auch! Ihre Sprache und Körpersprache, Ihre Mimik, Ihr Lächeln sind immer das genaue Spiegelbild dessen, was in Ihnen vorgeht. Denn wie wir bei den elf goldenen Spielregeln bereits besprochen haben, sind diese

Verhaltensformen nicht ursächlich, sondern stets die Folge, die Wirkung Ihrer inneren Gedanken bzw. Einstellung. Das Glücksquadrat spiegelt dies in einem leicht verständlichen Modell wider, bringt Ihr Denken, Fühlen, Erleben und Verhalten in einen klar nachvollziehbaren Zusammenhang.

Jederzeit wählen

Übrigens: Sie haben gar keine Wahl, denn dieser Kreislauf läuft immer – das heißt auch jetzt gerade – in Ihnen ab. Worauf Sie allerdings großen Einfluss haben, ist, ob Sie sich von Ihren Gefühlen treiben lassen, Ihre Gedanken dem Zufall überlassen wollen – oder zu den Menschen gehören, die das Glücksquadrat und die damit zusammenhängenden Vorteile aktiv für sich nutzen. Sie haben die Wahl, sich für das Glücks- oder das Unglücksquadrat zu entscheiden – jetzt und jederzeit! Was bedeutet dies für Sie konkret in der Praxis? Gute Laune quasi auf Knopfdruck, ein Plus an Energie, Ausstrahlung, Wirkung und Überzeugungskraft, wann immer Sie es brauchen – oder eben Lust darauf haben. Dafür gibt es eine wichtige Voraussetzung: Mit dem Glücksquadrat zu spielen, erfolgreich damit umzugehen und all die vielen faszinierenden Vorzüge genießen zu können setzt voraus, dass Sie sich damit beschäftigen. Gerade am Anfang empfehle ich Ihnen, das Glücksquadrat wie eine richtig gute Medizin zu betrachten:

Medizin

Nehmen Sie diese dreimal täglich ein, morgens, mittags und abends, am besten zu festen Uhrzeiten wie 9 Uhr, 13 Uhr und 18 Uhr. Gönnen Sie sich drei jeweils ruhige Momente von ein bis zwei Minuten Dauer, in denen Sie Ihre Gedanken ganz bewusst und intensiv auf etwas für Sie besonders Angenehmes und richtig Positives lenken. Es spielt keine Rolle, worum es in Ihren Gedanken inhaltlich geht. Allein entscheidend für die erfolgreiche Wirkung ist die Qualität, also die Intensität Ihrer positiven Gefühle, die Sie im Idealfall sogar körperlich deutlich wahrnehmen können, z. B. als Kribbeln, erhöhte Durchblutung, angenehme Entspannung. Sie brauchen diese ganz bestimmte Situation, den starken, positiven Auslöser – die Erinnerung bzw. Vorfreude, die Sie richtig in Wallung bringt und sofort und heute noch deutlich spürbare Emotionen in Ihnen auslöst. Dazu bitte ich Sie, jetzt folgende drei Schritte durchzuführen:

Übung

1. Wählen Sie drei positive Situationen: Überlegen Sie sich drei konkrete, für Sie sehr positive bzw. erfolgreiche Momente aus der Vergangenheit, der Gegenwart oder gerne auch der Zukunft.

   Situation A: ....

   Situation B: ....

   Situation C: ....

2. Testen Sie die gewählte Situationen: Nehmen Sie sich jetzt für jede Situation ca. eine Minute Zeit: Denken Sie daran – sehen, hören und empfinden Sie alles noch einmal so wunderbar, wie Sie es erlebt haben oder gerne in der Zukunft erleben wollen. Jeweils dazwischen schauen Sie bitte z. B. nach der Uhrzeit. Das ist eine wichtige Trennung, um die jeweiligen Gefühle wirklich separat voneinander zu erleben!

   Halten Sie zu jeder Situation die Intensität Ihrer Gefühle fest:

   Situation A: ....

   Situation B: ....

   Situation C: ....

3. Wählen Sie die stärkste Positivsituation: Welche dieser drei Situationen löst in Ihnen die stärksten Positivgefühle aus?

   ....

   Gehen Sie jetzt noch einmal in die von Ihnen gewählte Situation. Erleben Sie alles erneut ganz intensiv und halten Sie Ihre wichtigsten Eindrücke bitte anschließend fest:

   ....

   ....

Jetzt haben Sie es geschafft: Sie besitzen den Schlüssel zu Ihren guten Gefühlen. Sie haben die für Sie aktuell beste Erinnerung gewählt, um ab sofort Ihr Glücksquadrat gezielt zu aktivieren.

Was jetzt zählt, ist das regelmäßige Üben: in den nächsten vier Wochen bitte dreimal täglich, am besten um 9 Uhr, 13 Uhr und 18 Uhr für jeweils eine Minute. Nutzen Sie in dieser Zeit Ihre ausgewählte Situation – danach können Sie nach den genannten Schritten gerne eine neue »beste Situation« wählen.

Was genau passiert in diesen vier Wochen? Sie werden neue, faszinierende Erfahrungen machen, allesamt äußerst positiv und überaus angenehm. Einerseits werden Sie bei sich ein insgesamt höheres Grundniveau an guter Laune, Energie und Lebenslust feststellen. Und, vielleicht noch wichtiger: Sie erleben, wie Sie von Tag zu Tag Ihre positiven Gedanken immer leichter, Ihre guten Gefühle immer schneller aktivieren können – die beste Basis für den entscheidenden späteren Einsatz in der Praxis: nämlich spätestens dann, wenn es für Sie darauf ankommt!

Gönnen Sie sich regelmäßig eine gute Portion Glücksgefühle – und nutzen Sie Ihr Glücksquadrat, wenn es um die Wurst geht!

Gefühlsmanager im Alltag: der erfolgreiche Test

Jetzt geht es darum, wie Sie von Ihrem neuen Know-how am meisten profitieren, es erfolgreich in Ihren Alltag integrieren. Nochmals ganz deutlich: Verwenden Sie das Glücksquadrat gerne auch einfach so, wann immer Sie Lust auf mehr gute Gefühle haben. Denn es ist unbedenklich oft einsetzbar und die Nebenwirkungen sind für Sie stets sehr angenehm und positiv. Und wie Sie es aktivieren, spielt dabei keine Rolle: Ob Sie sich einfach in Ihren »schönsten Moment« hineindenken oder gleich mit Ihrem persönlichen »Anker« einsteigen.

Nutzen Sie Ihr Glücksquadrat besonders in den folgenden drei Situationen:

1. Regelmäßig ohne Grund:
Übung macht den Meister – gönnen Sie sich regelmäßig neue Energie und gute Laune. So gewöhnen Sie sich schnell an dieses tolle Mentaltraining und sind fit für die entscheidenden Momente.

2. Vor anspruchsvollen Momenten:
Je mehr Sie meiner Empfehlung unter 1. folgen, desto leichter wird es Ihnen fallen. Gerade in wichtigen beruflichen oder privaten Momenten brauchen Sie maximale Energie und viele gute Gefühle. Planen Sie sich bitte vorher eine Minute ein.

3. Wenn es brenzlig wird:
Aktivieren Sie Ihr Glücksquadrat, wenn Sie sich plötzlich energiearm, ge- oder gar überfordert fühlen. Das hilft Ihnen sofort. Sie fühlen sich besser, wirken und handeln wieder souverän.

Erfolgreiches Selbstmarketing: Ihre Stärken zählen

Die besten Gefühle sind eine tolle Grundlage, um alle nur erdenklichen Situationen Ihres privaten und beruflichen Lebens souverän und mit viel mehr Leichtigkeit zu meistern: Sie haben einfach mehr Ausstrahlung, Wirkung und Überzeugungskraft. Alles zusammen führt automatisch zu einem erfolgreichen Selbstmarketing – Sie fallen als Charakter positiv auf, stehen mit Ihren guten Ideen und Leistungen endlich auch mehr im Rampenlicht und glänzen gerade dann, wenn es darauf ankommt. Andere Menschen vertrauen Ihnen und bauen auf Sie.

Eines brauchen Sie dafür allerdings noch: das glasklare Selbstbewusstsein für Ihre persönliche Performance. Gemeint ist Ihr stabiles Selbstbild bezüglich Ihrer Fähigkeiten: Ihrer Stärken, Ihrer kleinen Defizite und auch Ihrer durchschnittlichen Fähigkeiten.

Wie sehr haben Sie sich damit bereits beschäftigt? Hier gönnen wir uns mehr als die übliche Stärken- / Schwächen-Betrachtung. Dies führt zu einer facettenreicheren Auseinandersetzung mit Ihrer Persönlichkeit. Warum halte ich gerade dies für so besonders empfehlenswert?

Einen klaren Blick auf seine Stärken zu haben bedeutet, gerade im Alltag auf diese zu bauen und zu vertrauen. Seine Schwächen zu kennen bietet die Möglichkeit, sich damit anzufreunden, diese etwas zu mildern, Ihr Handeln darauf abzustimmen. Seine Durchschnittlichkeit zu kennen heißt, die Leistung anderer bewusst wahrzunehmen, sich einordnen zu können. Erst alles zusammen führt zu einer stimmigen und ehrlichen Selbstbetrachtung. Der Lohn ist Glaubwürdigkeit – das Beste, was Sie auf andere Menschen ausstrahlen können.

Übung: Mein persönliches Stärken-Schwächen-Profil

Tragen Sie jetzt bitte Ihre persönliche Selbsteinschätzung in die drei Spalten ein: Ganz links geht es um Ihre Stärken – das, was Sie so richtig gut können. In die mittlere Spalte tragen Sie ein, worin Sie eher Durchschnitt sind. Ganz rechts notieren Sie Ihre Schwächen – das, was Sie noch nicht so gut können.

Meine Stärken	Durchschnitt	Meine Schwächen

Emotionale PowerSprache als Erfolgsfaktor

Erfolgsinstrument mit Lust-Faktor

Denken Sie jetzt bitte an Ihre guten Gefühle, die Sie während der Lektüre des Kapitelabschnitts »Das Glücksquadrat« (S. 92) hatten. Was empfinden Sie, wenn Sie an diese so besonders schöne, erfolgreiche, Ihnen wohltuende Situation denken, die Sie dort ausgewählt haben? Genießen Sie erneut all die herrlichen Eindrücke eine kurze Minute lang ... Wie wunderbar geht es Ihnen jetzt?

Wir wollen kurz über Ihre innere Einstellung, Ihre Neugier – eben Ihre persönliche Lust – reden, mit der Sie an das Thema PowerSprache herangehen. Denn davon hängt ganz entscheidend ab, wie sehr Sie diesen so wichtigen Abschnitt mehr als nur rational verstehen. Richtig verinnerlichen werden Sie das Ganze wirklich erst dann, wenn Sie jede Zeile mit mir emotional durchleben und mit Ihren Gefühlen nachempfinden.

Übung macht den Meister

Nicht umsonst spricht der Volksmund von »Sprachgefühl«. Das ist viel mehr als die reine Wiedergabe von Worten. Zugegeben, einzelne Worte, *Magic Words* wie »fantastisch, kostbar, wundervoll oder herrlich« auswendig zu lernen, das ist rational möglich. Wenn Sie jedoch die wahre Magie dieser Worte entfesseln, mit PowerSprache wirklich virtuos umgehen, andere Menschen verzaubern und in ihnen die richtigen Gefühle bewirken wollen, dann brauchen Sie mehr: Sie brauchen Lust, Leidenschaft und Neugier – alles hochemotionale Zustände, die geübt sein wollen. Am besten sehen Sie es mit dem leichten Zugang zu Ihren guten Gefühlen wie beim Sport. Der Profi-Sportler trainiert tagtäglich, damit er im Wettkampf fit ist. Und genauso wollen wir unsere Emotionen hier immer wieder erfahren, erleben und trainieren, noch lange bevor wir sie im praktischen Alltag benötigen. Denn dort sollten Sie einfach souverän und sicher sein, dass Sie mit Ihren guten Gefühlen so »spielen« können, wie Sie es gerade wollen. Denn dann gehören Sie zu der wertvollen Minderheit der Menschen, die anderen im Gespräch ihre volle Wahrnehmung und Aufmerksamkeit schenken, statt, wie die meisten, ständig mit sich selbst beschäftigt zu sein.

Wie gut erinnern Sie sich noch daran, als ich zu Beginn dieses Buches davon sprach, alles einfach sofort auszuprobieren statt darauf zu warten, dass nach der Lektüre irgendetwas Aufregendes passiert? Sie haben es wahrscheinlich längst erkannt: In diesem Buch ist der Weg bereits das Ziel, und während Sie Wort für Wort, Seite für Seite lesen, können Sie parallel dazu einfach all die fantastischen Gefühle genießen, die, je häufiger Sie es zulassen, immer schneller und mit immer größerer Leichtigkeit in Ihnen aufsteigen.

Denn dann haben Sie die beste Einstellung und Einstimmung überhaupt, um in das unglaublich spannende Zauberreich der Sprache einzutauchen, mit mir auf Entdeckungsreise zu gehen, das wirklich Wesentliche zu erkennen und eben PowerSprache danach nicht nur zu kennen, sondern tatsächlich zu können!

Definition Immer wieder werde ich gefragt, was PowerSprache überhaupt ist. Darauf antworte ich, wie ich diese faszinierende Form der verbalen und nonverbalen Sprache gerne sehe und verstehe.

PowerSprache

- **ist positiv, konkret und verbindlich,**
- **braucht eine klare Zielsetzung,**
- **entspringt einer positiven inneren Einstellung,**
- **ist eine emotionale, leidenschaftliche Sprache,**
- **ist wirkungsvolle Sprache und Körpersprache,**
- **nutzt kraftvolle Formulierungen,**
- **ist flexibel, orientiert sich am Feedback,**
- **spricht alle Sinne des Gegenübers an,**
- **arbeitet immer mit den Argumenten anderer,**
- **verstärkt Bedarf, weckt Wünsche,**
- **beschäftigt sich besonders damit, wie Sie sich verhalten,**
- **ist Emotion und Wirkung!**

PowerSprache ist eine lebendige Sprache – das heißt, sie darf und muss von Ihnen sogar ständig weiterentwickelt werden. Es gibt weder Vorschriften, Einschränkungen noch ein festgelegtes PowerSprache-Vokabular. Im Gegenteil, ich lade Sie herzlich ein, diese Sprache in Ihrer Anwendung so zu verfeinern, die Wirkung so zu steigern, dass Sie für sich und andere den größtmöglichen Genuss, Nutzen und Gewinn erzielen.

PowerSprache ist vor allem eines: unüblich, anders, fernab klassischer rhetorischer Zwänge und Richtlinien. Denn hier gilt ein Motto: Erlaubt ist, was wirkt!

PowerSprache = Zaubersprache?

PowerSprache hat ein klein wenig mit Zauberei zu tun – der Magie im Alltag, wenn genau das eintritt, was Sie mit Ihren Worten und Taten bewirken wollten, und zusätzlich noch sehr viel positive zwischenmenschliche Nebenwirkungen eintreten, an die Sie überhaupt nicht gedacht hatten. Für mich ist dies viel mehr als nur Kommunikation.

Gesamtverhalten ist entscheidend

In meinen früheren Büchern habe ich bereits viel und ausführlich über PowerSprache als Erfolgsinstrument geschrieben, anfänglich sogar fast ausschließlich als Praxisinstrument für jeden, der mit seiner Sprache mehr Wirkung erzielen will. Meine ersten Überlegungen liegen zehn Jahre zurück. Heute weiß ich, wie wichtig PowerSprache auf der einen Seite ist. Andererseits habe ich, der ich allein auf das erfolgreiche Feedback in der Praxis setze, zu oft erlebt, wie schnell diese Sprache, isoliert angewendet, an ihre Grenzen stößt. Was ich meine, ist die Kongruenz: Denn magische Worte nützen nichts, verlieren ihre positive Wirkung, wenn das Gesamtverhalten nicht glaubwürdig herüberkommt. Aus diesem Grund erleben Sie hier, erstmalig komplett, das ganzheitliche wirkende »PowerSprache-System«.

Basic Instinct – Worte wecken Emotionen!

Was passiert in und mit Ihnen, wenn Sie »Basic Instinct« lesen? Sind es die 13 Buchstaben, die Sie wahrnehmen – nur zwei Worte, die das Auge an Ihren Verstand weiterleitet? Wohl kaum! Schon eher geballte emotionale Erinnerungen an bunte Bilder, prickelnde Augenblicke und spannende Situationen aus dem gleichnamigen Film.

Worte bewirken Emotionen – und die meisten Entscheidungen, unser (Er-)Leben insgesamt beruhen darauf. Denn Menschen »kaufen« Emotionen, so sehr sich das Ganze oft auch hinter mehr oder weniger (un-)scheinbaren sachlichen Inhalten verbirgt. Egal worum es auch geht: Menschen – Kunden, Chefs, Mitarbeiter oder Partner – kaufen dabei immer genau zweierlei: zunächst den Menschen an sich, besonders das (gute) Gefühl, das er ihnen vermittelt, bzw. die Sympathie bzw. das Vertrauen, das er genau damit bei seinem ersten Eindruck spontan aufzubauen vermag. Dann, und wirklich erst dann, beachten und kaufen Menschen das emotionale Erlebnis, das ihnen ein »Angebot« vermittelt, die Befriedigung von Wünschen oder Bedürfnissen, die sie damit verbinden. Nicht umsonst heißt es z. B.: »Man muss sich riechen können«, »Der Ton macht die Musik«, »Wir sind nicht miteinander warm geworden«, »Der hat mich mit seinem Lachen angesteckt« usw.

Immer wieder zeigt sich, dass in der zwischenmenschlichen Kommunikation sehr viel mehr passiert als reiner Informationsaustausch. Mit jedem Satz, mit jedem einzelnen Wort empfinden wir selbst und vermitteln wir anderen emotionale Botschaften – manchmal ganz offensichtlich, manchmal auch gut versteckt zwischen den Zeilen. Wie gut sichtbar diese sind, hängt sehr von der Gesamtheit unseres Verhaltens ab.

Herzliche Begrüßung

Denken Sie bitte nur einmal an die herzliche Begrüßung eines guten Freundes, den Sie schon lange Zeit nicht mehr gesehen haben: Da wird die leidenschaftliche, wohl meist von beiden Seiten ausgehende Begeisterung zum herzlich ausgetragenen Ritual, langes Umarmen und Drücken lässt wenig Spielraum für Missdeutungen dieser Botschaft – Sprache, Körpersprache und ganz besonders die Mimik sprechen Bände. Ebenso verhält es sich bei den meisten Menschen, wenn diese einmal so richtig aufgebracht und wütend sind. Auch in solchen Momenten stellt sich spontan, unbewusst, ohne große Überlegung ein ganzheitlich eindeutiges emotionales Verhalten ein.

Natürlich sind dies zwei Beispiele für besonders eindeutige emotionale Extremzustände. Würden sich Menschen nur in diesem Spektrum bewegen, hätten wir es leicht, deren Emotionen zu erkennen, und, mit ein wenig Übung, auch erfolgreich zu bedienen. Im Alltag treffen wir jedoch eher viel neutralere, scheinbar unemotionale Situationen und Menschen an. »Scheinbar« deshalb, weil es natürlich und zum Glück nicht so ist. Es menschelt überall und Gefühle sind allgegenwärtig. Nur werden diese, aus bewusster Überlegung oder langjähriger Prägung heraus, meist nicht gezeigt – zumindest wird dies oft versucht. Umso mehr kommt es darauf an, diese im Verhalten anderer genau wahrzunehmen – denn das ist der Schlüssel, um mit Menschen erfolgreich umgehen und die eigenen Ziele mit deren Unterstützung erreichen zu können: Win-win pur.

Macht der Worte

Zu Beginn ging es zunächst um Ihre eigenen guten Gefühle. Worauf ich bewusst noch nicht eingegangen bin, ist die Macht der Worte! Denn Worte sind Ausdruck unseres Denkens und, ganz besonders, auch unserer Gefühle. Wenn Sie ärgerlich oder ängstlich sind, sprechen Sie automatisch ganz anders, verwenden spezielles Vokabular, nutzen eine andere Stimmlage, Sprechtempo, Lautstärke usw., als wenn Sie gerade hocherfreut und begeistert sind. Im Stadium der Begeisterung z.B. verwenden Sie viele Begriffe wie »toll, fantastisch, spannend, aufregend, prickelnd« usw., die wir später noch als *Magic Words* kennenlernen und die Sie in Zukunft sicher gerne häufiger aktiv einsetzen wollen.

Im (beruflichen) Alltag tun Sie dies, wie die meisten anderen auch, wahrscheinlich nicht. Dies war bis heute so. Vor Ihnen liegt allein damit ein brachliegendes Potenzial an Möglichkeiten, Ihre Ziele künftig noch schneller zu erreichen.

Ihre Worte, besonders die Art, wie Sie sprechen, zeigt nicht nur, was Sie gerade denken und wie gut Sie sich aktuell fühlen, sondern beides bewirkt, verstärkt oder verändert Ihr Befinden sogar!

Im Zustand der echten Begeisterung haben Sie plötzlich und ganz von allein Zugang zu neuen Ressourcen, verwenden anderes Vokabular, stimmliche Ausdrucksmittel, sind leidenschaftlich, und Ihre Mimik spricht Bände. Wenn sich Menschen in den Videoaufzeichnungen meiner Trainings selbst so erleben, entdecken sie oft eine ganz neue Persönlichkeit.

Vielleicht verstehen Sie jetzt noch besser, warum wir uns im ersten Schritt um Ihre Gefühle gekümmert haben. Denn auf diese Weise geht es einfach leichter. Die richtigen Emotionen bewirken automatisch den Ausdruck von echter Begeisterung und Überzeugungskraft. Natürlich können Sie sich ein ganz bestimmtes Vokabular und, mit viel Aufwand, sogar Verhalten antrainieren, um dies ebenfalls zu erreichen. Wie authentisch das Ganze tatsächlich wirkt, bleibt allerdings dahingestellt.

Ich empfehle Ihnen hier viel lieber den einfachen und direkten Weg, so wie ich es bei den Besten verschiedener Zünfte erleben durfte. Am Anfang steht die Emotion als die wahre Quelle echter Überzeugungskraft. Alles andere sind begleitende bzw. zusätzliche Hilfsmittel. Mächtig zwar, jedoch fast wirkungslos, solange die Emotionen noch nicht stimmen!

> **Worte sind bzw. bewirken Emotionen. Sprache beeinflusst Sie selbst und Ihre Gesprächspartner – gleichzeitig, immer!**

Selbst- und Fremdbeeinflussung

Sprache ist tatsächlich immer Selbst- und Fremdbeeinflussung gleichzeitig. Ja, dies passiert parallel und genau zur selben Zeit. Jedes Wort, das Sie denken, beeinflusst Sie selbst, und sobald Sie es aussprechen, beeinflusst es auch Ihren Gesprächspartner. Umso wichtiger ist es, dass Sie jetzt zunächst einmal selbst den großen Einfluss spüren, den Ihre eigenen Worte auf Sie haben.

In den Übungen auf den folgenden Seiten geht es genau darum: um Sprachgefühl, Ihr Bewusstsein für die Wirkung einzelner Worte. Lesen Sie die folgenden Sätze bitte laut vor und sprechen Sie die kursiv gesetzten Wörter stark betont aus. Hören Sie sich dabei bitte genau zu, notieren Sie, wie z. B. Sätze wie »Ich muss«, »Ich will« usw. auf Sie wirken, und seien Sie gespannt.

Übung: Mehr Sprachgefühl und Wirkung

1. »Ich *muss* mal wieder ein gutes Buch lesen!«

   Wirkung: ....

2. »Ich *sollte* mal wieder ein gutes Buch lesen!«

   Wirkung: ....

3. »Ich *könnte* mal wieder ein gutes Buch lesen!«

   Wirkung: ....

4. »Ich *will* mal wieder ein gutes Buch lesen!«

   Wirkung: ....

5. »Ich *werde* mal wieder ein gutes Buch lesen!«

   Wirkung: ....

6. »Ich *freue mich* darauf, ein gutes Buch zu lesen!«

   Wirkung: ....

7. »Ich *habe große Lust* darauf, ein gutes Buch zu lesen!«

   Wirkung: ....

Was ist Ihnen aufgefallen – ist es nicht unglaublich, wie unterschiedlich die jeweiligen Sätze auf Sie gewirkt haben? Ist Ihnen aufgefallen, dass Sie in der ersten Aussage spontan den Zwang des »Müssens« gespürt und kurz darauf das gute, motivierende Gefühl genossen haben, »große Lust« zu haben? Wie haben Sie sich beim Aussprechen der einzelnen Sätze gefühlt, wie unterschiedlich hat sich dabei vielleicht auch Ihre Stimme angehört – und last but not least, welchen dieser Sätze haben Sie besonders gerne gedacht und ausgesprochen?

Frei nach dem Glücksquadrat gilt: So wie Sie denken, so reden Sie auch – allerdings gilt ebenfalls: So wie Sie reden, so denken Sie nach kürzester Zeit auch!

Wieder Chance oder Schicksal: Ein gut gelaunter oder sogar begeisterter Mensch denkt, fühlt, redet und verhält sich positiv – genau dies hält bei ihm weitere positive Gedanken aufrecht. Ein negativ gestimmter Mensch erlebt alles genau umgekehrt, und sein Glücksquadrat wird so schnell zum Unglücksquadrat.

Übung

Sprechen Sie bitte jedes der folgenden Wörter laut und deutlich betont aus. Und genießen Sie drei Sekunden lang die herrliche Wirkung.

- Ruhig
- Schön
- Kostbar
- Wertvoll
- Traumhaft
- Spannend
- Aufregend
- Magisch
- Zauberhaft
- Prickelnd
- Wohltuend
- Köstlich
- Herrlich
- Faszinierend

Wie war diese Übung für Sie – wie sehr haben Sie es genossen, die sehr wohltuenden Begriffe auszusprechen? Ist nicht jetzt allein der Gedanke daran schon fast verführerisch angenehm?

Und nun denken Sie bitte daran, was wir gerade zuvor festgestellt haben: Sprache ist immer eine wechselseitige Beeinflussung, und Ihre Worte haben immer gleichzeitig Einfluss auf Sie selbst und auf Ihr Gegenüber. Stellen Sie sich also bitte vor, dass die herrlichen Begriffe der letzten Übung auf Ihren Gesprächspartner genauso intensiv wirken wie auf Sie. Bleiben wir zunächst noch bei uns selbst und genießen wir es ein wenig, uns mit unserem Sprachgefühl und der Wirkung zu beschäftigen, die bestimmte Worte haben. So wird Ihnen die nächste Übung bestimmt sehr viel Spaß machen. Denn hier geht es um den direkten Zusammenhang von Sprache und Selbstmotivation, ein faszinierender Stimulus, den Sie ganz hervorragend im Alltag nutzen können.

Wir drehen hier bewusst den Spieß um und sprechen motivierende Positivsätze, die wir normalerweise nur dann verwenden, wenn wir bereits in Spitzenlaune sind. Wir tun es genau deshalb, um einen tollen emotionalen Zustand schneller zu erreichen bzw. ihn zu fördern. Sie sehen, es geht so und anders herum.

In der nun folgenden Übung haben Sie die Gelegenheit, 29 motivierende Sätze zu denken und dann auszusprechen, bitte auch genau in dieser Reihenfolge. Sie können sogar noch deutlich mehr tun, nämlich diese Sätze nach Ihrem Gusto ergänzen. Seien Sie gespannt darauf, was Ihnen hier alles einfällt, und genießen Sie, ganz nebenbei, dieses aufschlussreiche integrierte Persönlichkeitstraining. Auf geht's, lassen Sie Ihrer Lust, Ihrer Kreativität und Ihren Emotionen jetzt einfach freien Lauf.

Sprache und Emotionen: Worte machen gute Gefühle

Lesen Sie sich bitte laut vor, hören Sie sich zu und betonen Sie, was Ihnen besonders wichtig erscheint:

1. Mich motiviert besonders, wenn

   ....

2. Ein (Mein) Lächeln wirkt auf mich

   ....

3. Einzigartig an mir ist

....

4. Ich lobe mich und andere gerne, weil

....

5. Mein Selbstbewusstsein schöpfe ich aus

....

6. Meine größte bisherige Leistung ist

....

7. Verantwortung macht mir Spaß, weil

....

8. Ich bin eine besondere Persönlichkeit, weil

....

9. Mein größtes Ziel im Leben ist

....

10. Besonders gerne denke ich an

....

11. Positives Denken gibt mir

....

12. Die 3 wichtigsten Personen in meinem Leben sind

....

13. Mich begeistert

.... ganz besonders.

14. Zuletzt habe ich

.... für .... gelobt.

15. Sehr stolz bin ich auf

....

16. Ruhe und Energie schöpfe ich aus

....

17. Ich rede gerne mit anderen Menschen, weil

....

18. Mich interessieren andere Standpunkte, weil

....

19. Besonders gut kann ich

....

20. Ich liebe neue Erfahrungen, weil

....

21. Meine Freunde schätzen an mir

....

22. Entscheidungen fälle ich am besten

....

23. Meine Lebensfreude gewinne ich aus

....

24. Positive Erwartungshaltung ist für mich

....

25. Erfolg im Leben heißt für mich

....

26. Meine Prioritäten im Leben sind

....

27. Ich wirke auf Menschen positiv, weil

....

28. Ich spreche gerne positiv, weil

....

29. Es macht mir Spaß,

....

Reden kann jeder, aber kaum einer weiß, wie er spricht

Haben Sie sich schon einmal gefragt, wie Sie reden? Sprache hat viel zu tun mit unserem Umgang, unserem Beruf und dem Wissen, das wir aufnehmen. Sprache ist Gewohnheit: Wir haben eine ganz bestimmte Art und Weise, wie wir reden, die Wortwahl resultiert dabei aus unserem aktiven Wortschatz. Jetzt haben Sie die Gelegenheit, Ihr verbales Verhalten unter die Lupe zu nehmen. Erst als Selbsteinschätzung, dann bitte als Feedback von drei Mitmenschen. Kopieren Sie dazu die folgende Seite.

Sprechen Sie:

Viel	☐	Wenig	☐
Laut	☐	Leise	☐
Schnell	☐	Langsam	☐
In kurzen Sätzen	☐	In langen Sätzen	☐
Sachlich	☐	Gefühlsbetont	☐
Neutral	☐	Unterhaltsam	☐

Verwenden Sie:

Oft dieselben Worte	☐	Unterschiedliche Worte	☐
Positive Formulierungen	☐	Negative Formulierungen	☐
Die Gegenwartsform	☐	Die Vergangenheitsform	☐
Indikative	☐	Konjunktive (wie »könnte«)	☐
Klare Angaben	☐	Vage Angaben	☐

Unwörter

Kennen Sie diese kleinen Füllwörter, die niemand braucht und doch so viele Menschen ständig verwenden? Die unsinnigen Formulierungen, mit denen wir anderen sagen, was wir nicht wollen, anstatt was wir wollen? Es geht um Unwörter und Killerphrasen. Sprache ist Gewohnheit, das wissen Sie bereits. Viele Menschen reden einfach so, wie ihnen der Schnabel gewachsen ist: gedankenlos, unbewusst und unreflektiert. Kommen wir zunächst zu den Top-10 der Unwörter, denjenigen nutz- und sinnlosen Füllwörtern, die Sie tagtäglich zu hören bekommen: an der Kasse im Supermarkt, beim Telefonieren, beim Check-in am Flughafen, beim Essen im Restaurant und in vielen anderen Alltagssituationen. Unwörter werden tatsächlich unbewusst und aus purer Gewohnheit verwendet. Haben sie sich einmal eingeschlichen, bleibt es meist auch dabei. Menschen, darauf angesprochen, reagieren oft erstaunt und merken gar nicht, dass sie sie verwenden.

Unwörter sind nutz- und sinnlos, reduzieren die Wirkung, kosten Zeit und Ihre Zuhörer Nerven. Was sind Ihre Lieblingsunwörter? Machen Sie Schluss damit. Wort für Wort!

Die Top-10 der Unwörter

1. äh, ähm
2. aber, ja aber (trotzdem)
3. man (könnte, sollte)
4. eigentlich
5. trotzdem
6. müssen (ich muss, sie müssen ...)
7. würde sagen, meinen, denken
8. Problem, kein Problem ...
9. nicht (schlecht, schwierig, usw.)
10. jeder, alle, nie, keiner, immer

Unsinnige Alltagsfloskeln

Ähnlich verhält es sich mit vielen Redewendungen, typischen Alltagsfloskeln, die Sie überall zu hören bekommen, wie z. B.:

- *»Bitte verstehen Sie mich nicht falsch!«*
- *»Bitte vergessen Sie nicht ...!«*
- *»Ich meine nichts anderes als ...«*
- *»Ich will Sie nicht langweilen!«*

Liebe Gewohnheiten, aber leider völlig unsinnige, wirkungslose bzw. sogar schädliche Alltagsfloskeln. Welche Gemeinsamkeit fällt Ihnen an diesen Sätzen auf? Alle sind in negierter Form formuliert, bauen auf die Negation »nicht«, denn jede dieser Aussagen lenkt die Aufmerksamkeit auf das, was auf keinen Fall beabsichtigt ist. Aber keine der Formulierungen sagt aus, was tatsächlich gewünscht ist. Meinen Sie, ich betreibe hier Wortklauberei? Gut, machen wir ein kleines, Ihnen sicher bekanntes Experiment, das sofort für sich spricht:

- Denken Sie jetzt bitte *nicht* ... an einen roten Ferrari!
- Stellen Sie sich jetzt bitte *nicht* ...ein schwarzen Koffer vor!

Was passiert? Alles, was auf das Nicht folgt, tritt ein. Wir denken und stellen uns genau das vor, was wir »nicht« tun sollten. Denn sich etwas nicht vorzustellen bedeutet, es sich zunächst sogar vorstellen zu müssen, um es anschließend aus den Gedanken verdrängen zu können. Wenn Sie jetzt z. B. nicht sofort an die Top-10 der Unwörter denken, machen Sie das doch genauso, oder? Ähnliches kann Ihnen passieren, wenn Sie jetzt kurz aufschauen und in die Ferne sehen, um Ihre Augen zu entspannen, und ... nicht an »nicht« denken.

Was genau bedeutet das Ganze für die Praxis? Was hat das mit Ihren guten Gefühlen und Ihren emotionalen Überzeugungsprozessen zu tun? Sehr viel! Es entscheidet über Ihre Wirkung! Nochmals, klipp und klar gesagt: Hier geht es um weit mehr als nur schönes Reden, wir sprechen gerade über Ihre emotionale Wirkung bzw. eben über die mögliche Fehlwirkung. Schauen Sie sich jetzt dazu bitte noch einmal die Beispielsätze der vorhergehenden Seite an.

Was negative Aussagen bewirken

Was genau passiert denn hier? Was bewirken Sie in Ihrem Gegenüber, wenn Sie seine Gedanken und damit Emotionen durch solche negierte Formulierungen auf das lenken, was Sie nicht von ihm wollen? Sie lenken seine Aufmerksamkeit und seine Emotionen eben genau in die falsche, weil negative Richtung, denn was bei ihm ankommt, ist in den Beispielen »falsch«, »vergessen, »langweilen« usw. Glauben Sie wirklich, dass Ihnen diese Wirkung Vorteile verschafft und beim anderen positive Emotionen auslöst? Meinen Sie, es fällt Ihnen leichter, Ihrer Aussage Nachdruck zu verleihen bzw. schnell ans gewünschte Ziel zu gelangen? Nein, ganz im Gegenteil: Sie kommen vom Ziel ab und machen es dem Gegenüber richtig schwer, Ihnen zu folgen und Ihre wahren Absichten hinter diesen Floskeln zu erkennen.

Aus zwei Gründen: Einerseits, weil Sie nur gesagt haben, was Sie nicht wollen. Und zweitens, weil Sie mit einem solchen Satz noch überhaupt nichts darüber ausgesagt haben, worum es Ihnen geht, was Sie vorhaben und vor allem was der andere davon hat, Ihnen überhaupt zuzuhören. Sie haben allein eines getan: wertvolle Zeit verschwendet, wenn auch sicher ohne Absicht.

Was also können Sie ab sofort konkret tun, um genau dies zu vermeiden? Die einfache Lösung: Erst denken, dann sprechen! Überlegen Sie sich bitte sehr genau, was Sie vorhaben: Was ist Ihr Ziel für das jeweilige Gespräch, was wollen Sie von Ihrem Gegenüber und, besonders wichtig, was hat der oder die Betreffende davon, welchen Nutzen bzw. welche klar erkennbaren Vorteile bieten Sie ihm oder ihr dafür an?

> **Merken Sie sich diesen Leitspruch:**
> **Sag, was du meinst, und du bekommst viel eher, was du willst!**

Dies jetzt nicht nur zu denken, sondern später im Alltag auch wirklich zu können, ist weit mehr als ein schnelles Um- oder Andersdenken. Denn es setzt so einiges voraus:

- ein konkretes Gesprächsziel
- klare Gedanken
- Konzentration auf die Situation
- ziel-, ergebnis- bzw. lösungsorientiertes Denken

Konkrete Gesprächsziele

Haben Sie konkrete Ziele, wenn Sie mit Menschen reden. Sorgen Sie aktiv für klare Gedanken, seien Sie frei im Kopf, indem Sie sich rechtzeitig vorher auf die anstehende Situation, die Menschen und die Aufgabe freuen. Konzentrieren Sie sich für diese Zeit zu 100 Prozent darauf – nichts ist in diesem Moment so wichtig wie dieser Moment. Geben Sie Ihrem Gegenüber unbedingt das herrliche, gerade heute so exklusive Gefühl der spürbaren Beachtung, Aufmerksamkeit und Wertschätzung. Das allein bewirkt wahre Wunder. Wenn Sie dann auch noch gerne in ganz konkreten Zielen, Ergebnissen und Lösungen denken, ist Ihnen eine positiv-konkrete, leicht verständliche und wirkungsvolle Sprache fast automatisch sicher.

21 Killerphrasen und wie Sie diese ersetzen

Vermeiden Sie bitte:	**Sagen Sie stattdessen:**
Ich muss / sollte / könnte / versuche ...	Ich will / möchte / werde…
Ich weiß es gerade nicht.	Ich kläre das gerne.
Verstehen Sie mich nicht falsch!	Verstehen Sie mich richtig!
Sie verstehen mich falsch.	Ich habe mich unklar geäußert.
Diese Idee beschäftigt mich.	Ich prüfe das Für und Wider dieser Idee.
Man könnte mal probieren, ob …	Ich werde … tun
Bitte vergessen Sie nicht ...	Bitte denken Sie daran!
Nein	So nicht, jetzt nicht
Aber – ja, ja – aber, aber trotzdem	Und *(oder lieber nichts sagen)*
Man	Ich, du, Sie, wir
Kein Problem	Gerne / ja / natürlich
nicht schlecht / schwierig / falsch	gut / einfach / richtig
Gefällt Ihnen das Angebot?	Wie gut / sehr gefällt Ihnen das Angebot?
Ich soll Sie zurückrufen.	Sie erwarten meinen Rückruf.
Gefällt Ihnen das nicht?	Was genau gefällt Ihnen noch nicht?
Wir haben, bieten, können, sind ...	Sie nutzen, sparen, erzielen ...
Das ist ein Problem!	Das ist eine echte Herausforderung!
Ich will Sie nicht stören ...	Wann haben Sie Zeit für …?
Das glaube ich nicht!	Sind Sie sicher?
Sie müssen entschuldigen!	Bitte haben Sie dafür Verständnis.
Äh, eigentlich, ehrlich gesagt	*Lieber nichts sagen!*

Ein kleines Wort mit zauberhafter Wirkung

Drei Buchstaben sind es, die wir immer wieder, manchmal gar zu oft aneinanderreihen, um unsere eigenen Aussagen und Argumente miteinander zu verbinden, unsere Unsicherheit und Unverbindlichkeit zu verbergen: Gemeint ist das Wort »und«.

Warum nutzen wir es nicht genau so häufig, um damit unsere Meinung mit der anderer Menschen zu verbinden? Gerade auch dann, wenn unterschiedliche Ansichten bestehen. Wie spannend ist es wohl, wenn wir uns in einer solchen Situation, zwar zunächst noch nicht in der Sache, aber doch zumindest emotional angleichen? Das Wichtigste in diesem Moment!

Wie groß ist also Ihre Lust darauf, ein »Und« sehr erfolgreich als beste Alternative für die so typischen, negativ wirkenden Unwörter »aber« oder »trotzdem« einzusetzen? Wie spannend finden Sie es, Positives mit scheinbar Negativem zu verbinden? Schauen wir uns dazu drei Beispiele an:

1. *»Ich verstehe Sie ja, aber ich bin der Meinung, dass …«*
⇨ *»Ich verstehe Sie ja.* ***Und*** *ich bin der Meinung, dass …«*

2. *»Ich verstehe Sie, trotzdem habe ich die Erfahrung, dass …«*
⇨ *»Ich verstehe Sie.* ***Und*** *ich habe die Erfahrung, dass …«*

3. *»Sie sind sehr teuer!«*
⇨ *»Ja, wir sind teuer* ***und*** *sehr exklusiv.«*

Verwenden Sie ein »Und« viel häufiger als verbindende Brücke zwischen zwei Ansichten, als Umlenkung von negativ zu positiv und als vielleicht bestes Angleichungsmittel in dieser Situation. Das entspannt alle und fördert die gute Stimmung!

6. Stufe II: Der PowerSprache-Profi

Glücksquadrat deluxe: Gute Gefühle auf Knopfdruck

Bei den PowerSprache-Basics haben Sie es bereits gelernt: Ihre Gedanken bestimmen Ihr Verhalten; Gefühle haben wir nicht einfach, sondern sie werden stets von uns selbst gemacht.

Denken – fühlen – erleben – verhalten, so lautet der Kreislauf im Glücksquadrat (siehe Abb. S. 92). Wie groß ist Ihre Lust auf noch mehr gute Gefühle? Wollen Sie diese im Alltag viel schneller und leichter für sich aktivieren?

Der nächste Schritt

Wenn Sie den ersten Schritt erfolgreich gegangen und die vier »Testwochen« mit Ihrem Glücksquadrat bereits positiv durchlaufen haben, dann lade ich Sie ein, den nächsten Schritt zu gehen: Erleben Sie Ihre guten Gefühle einfach auf Knopfdruck!

Es gibt eine faszinierend einfache Möglichkeit, die durch Ihre Gedanken an Ihren Lieblingsmoment ausgelösten Gefühle noch einfacher und schneller zu aktivieren: durch die sogenannte Ankertechnik – die Verknüpfung Ihrer Emotionen mit einer bestimmten Ankerstelle Ihres Körpers.

Im Prinzip funktioniert dies folgendermaßen:

Anker verwenden

1. Ankerstelle auswählen

Sie wählen eine leicht zugängliche, unbenutzte Ankerstelle an Ihrem Körper aus – bitte keine Stelle, die Sie aus Gewohnheit einfach auch so oft berühren. Ganz typische Ankerstellen sind z. B. das Handgelenk, der Unterarm, eine Fingerkuppe.

Denken Sie bei Ihrer Wahl bitte schon jetzt daran, dass Sie diese Stelle später in Gegenwart anderer, im Gespräch usw. berühren wollen, ohne aufzufallen.

Meine Ankerstelle: ....

Sie haben gewählt? Dann überprüfen Sie diese Stelle jetzt nochmals auf wirklich leichte Zugänglichkeit.

2. Die beste Situation wählen (haben Sie bereits getan!)

Mein magischer Moment: ....

3. Verankerung

Jetzt kommen wir zur Verankerung. Lesen Sie diese Zeilen bitte zunächst unbedingt komplett durch, bevor Sie loslegen. Die Verankerung geschieht folgendermaßen:

Sie machen es sich bequem, sind garantiert ungestört. Dann gehen Sie in Ihren besten Moment, erleben alles wie immer ganz intensiv, positiv, prickelnd und fantastisch. Nehmen Sie sich die Zeit, alles zu genießen, diese guten Gefühle immer stärker werden zu lassen. Wenn Sie sicher sind, dass Sie sich im emotionalen Maximum befinden, dann drücken Sie bitte kurz und eindeutig auf Ihre gewählte Ankerstelle. Entscheidend für den Erfolg ist, dass Sie dies wirklich im Zenit Ihrer guten Gefühle tun. Nun lassen Sie alles noch ein wenig nachwirken und kommen wieder zurück.

Schauen Sie sich um, werden Sie ruhig wieder ganz bewusst.

4. Anker testen

Kommen wir zum Wesentlichen, zum Test der Ankerstelle. Dazu drücken Sie diese jetzt bitte kurz genauso, wie Sie dies gerade eben bei der Verankerung getan haben.

Was passiert? Spüren Sie die guten Gefühle wieder in sich aufsteigen, ohne dass Sie daran gedacht haben? Prima, dann funktioniert Ihr Anker. Falls nicht, dann wiederholen Sie die obige Übung gleich morgen. Bitte denken Sie daran: Alles kann, nichts muss. Bleiben Sie locker, das ist die beste Voraussetzung.

Der Erfolgskreislauf: Überzeugungskraft mit System

Der Erfolgskreislauf ist der entscheidende Baustein des Power-Sprache-Systems! Während es bisher fast ausschließlich um Sie ging, spielen hier ab sofort die Umgebungsparameter die Hauptrolle: die Situation, die Menschen, die Stimmung usw.

Wir reden hier vom gekonnten Einfahren der verdienten Ernte: Hier entscheiden Sie, wie hoch die Rendite Ihres Engagements ausfällt, wie gut es um den Wirkungsgrad Ihrer Überzeugungskraft steht – alles mit Lust, Leichtigkeit und richtig viel Spaß.

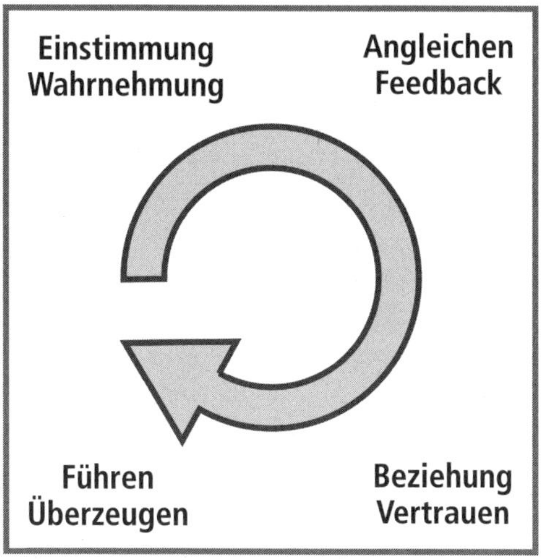

Der Erfolgskreislauf

Der Erfolgskreislauf veranschaulicht die Kunst und Magie der zwischenmenschlichen Überzeugungskraft. Er ist vergleichbar mit einem Gesamtkunstwerk, das auf einem äußerst stabilen Fundament ruhen muss, um auf Dauer Bestand zu haben. Alles funktioniert Schritt für Schritt – Abkürzungen gibt es nicht. Schauen wir uns das Ganze genauer an: erst als Überblick, später im nächsten Kapitel noch einmal sehr viel detaillierter und ganz besonders praktisch.

Der Erfolgskreislauf im Überblick

Der Ablauf und die Wirkungsweise des Erfolgskreislaufs ist in klare, stets voneinander abhängige und aufeinander aufbauende Schritte gegliedert:

- *Schritt 1:* Vor der jeweiligen Situation ist die positive innere Einstellung das »A und O«: einfach Lust zu haben auf andere Menschen und neugierig darauf zu sein, welche Chancen das Gespräch bietet. Zu Beginn der Situation, am besten noch bevor wir auf unsere Gesprächspartner treffen, kommt es auf sehr genaue Wahrnehmung an: Die Umgebung – später die Situation, die Menschen, deren Verhalten und Stimmung sollten Sie möglichst präzise in sich aufsaugen. Das sind wertvolle Informationen für alles Kommende.
- *Schritt 2:* Hier zählt es, beim anderen einen richtig positiven ersten Eindruck zu hinterlassen, sich wirklich auf ihn einzulassen, ihm Ihre volle Aufmerksamkeit zu schenken, durch glaubwürdiges Verhalten und einen auch wirklich stimmigen Smalltalk die spontane Sympathiebildung zu fördern. Danach geht es darum, sich seinem Verhalten ein klein wenig anzugleichen, aktiv nach Gemeinsamkeiten zu suchen und diese gezielt zu verstärken.
- *Schritt 3:* Ist dies gelungen, dann erhalten wir Signale – Kaufsignale, mit denen unser Gegenüber den Vertrauensaufbau, also den Beginn einer emotionalen zwischenmenschlichen Beziehung bekundet. Diese gilt es zu erkennen, zu verstärken und dann zu nutzen.
- *Schritt 4:* Jetzt zählt unsere Verbindlichkeit, wir sind am Ziel. Wir dürfen das tun, was wir uns vorgenommen hat-

ten, können unsere Ziele realisieren: Führen, motivieren oder verkaufen.

PowerSprache II: Das Wie als Erfolgsfaktor

Der Ton macht die Musik – auch unser Körper spricht Bände. Wenn Menschen miteinander kommunizieren, sich über ihre Sprache und Körpersprache austauschen, passiert zweierlei:

Kommunikation überträgt

1. **Information**
2. **Emotion**

Information ist der Inhalt, also das, was gesagt wird. Unsere Emotionen übertragen wir durch die Art und Weise, *wie* wir sprechen, und zwar einerseits durch unsere verbalen Ausdrucksmittel und andererseits durch unsere nonverbale Performance.

Untermauern wir das Ganze zunächst mit einer Statistik, wertvollen Zahlen, gültig für den Anfang einer Gesprächssituation, also für die wichtige Phase des ersten Eindrucks. Danach gilt: *Erfolg in der Kommunikation* hängt im persönlichen Gespräch ab von

≤ 55 % Körpersprache
≤ 38 % Art und Weise, *wie* Sie sprechen
≤ 07 % Inhalt, das heißt, *was* Sie sagen

und hängt im telefonischen Gespräch ab von:

≤ 88 % Art und Weise, *wie* Sie sprechen
≤ 12 % Inhalt, das heißt, *was* Sie sagen

Erste Phase

Wirklich beeindruckende Zahlen, oder? Als ich diese, damals noch als junger Ingenieur, das erste Mal hörte, jagte es mir einen riesengroßen Schreck ein. Ich dachte nur: »Alles umsonst, das ganze Studium für die Katz«. Heute weiß ich, dass diese Zahlen für den Gesprächsbeginn Gültigkeit besitzen, in der Phase des ersten Eindrucks, wenn es um Emotionen wie Glaubwürdigkeit, Sympathie- und Vertrauensaufbau geht. Leider fehlte in der damaligen Literatur der entscheidende und für viele beruhigende Hinweis, dass Inhalte im Gesprächsverlauf natürlich meistens eine zunehmend bedeutendere Rolle spielen.

Bitte erlauben Sie mir hier daher diesen so ausdrücklichen Hinweis darauf, genauso wie auf mein »Kleiner-gleich«-Zeichen (≤) vor den einzelnen Prozentzahlen. Es erscheint mir einfach glaubwürdiger und menschlicher, diesen wertvollen Spielraum offen zu lassen.

Schauen wir uns diese spannenden Zahlen jetzt einmal genauer an. Was bedeuten sie für unser Thema und unsere Ziele? Im persönlichen Gespräch wirkt zu Beginn also bis zu 55 % die Körpersprache, bis zu 38 % unsere Sprechweise, das Wie. Zusammen macht dies bis zu 93 % emotionale Performance, die Beziehungsebene. Und beim Telefonieren sind es bis zu 88 %.

Emotionen sind ganz also klar die Hauptverantwortlichen für Ihren Erfolg in der zwischenmenschlichen Kommunikation. Emotionen drücken Sie aus über Ihre verbale Performance und Ihre nonverbale Performance.

Verbale Performance: Der Ton macht die Musik

Erfolgreiches Wie

Der Volksmund sagt: Der Ton macht die Musik. Und damit hat er Recht. Die Art und Weise, wie Sie sprechen, kann der beste Weg sein, um Sympathie und Vertrauen aufzubauen und Ihre inhaltlichen Botschaften wirkungsvoll zu unterstützen. Umgekehrt kann Sie ein falsches Wie sehr viel kosten.

> **Ein wirkungsvolles, erfolgreiches Wie setzt sich immer aus zwei Faktoren zusammen: einerseits aus Ihrer Wortwahl, also z. B. vielen Magic Words. Anderseits zählt ganz**

besonders Ihre individuelle Sprechweise: die sichtbare Begeisterung, spürbare Leidenschaft und echte Eindringlichkeit, mit der Sie sprechen.

Sieben Performance-Tools wecken mehr Emotionen:

7 verbale Performance-Tools

- *Betonungen:* Emotionale Botschaften werden hörbar
- *Pausen:* Mehr Aufmerksamkeit, Spannung und Wirkung
- *Satzlängen:* Verbindlichkeit durch kurze Sätze
- *Aussprache:* Deutlichkeit sorgt für Eindeutigkeit
- *Lautstärke:* Das richtige Maß zur richtigen Zeit
- *Sprechtempo:* Angemessenheit ist hier das höchste Gebot
- *Tonalitäten:* Der richtige Ton unterstützt die Botschaft

Diese sieben verbalen Ausdrucksmittel wollen wir uns hier ganz besonders widmen: Betonungen, Pausen und Satzlängen. Diese Perfomance-Tools sind hochwirksam und für Sie deshalb so wichtig, weil Sie darauf aus eigener Kraft, also ohne spezielles Training, sofort sehr viel Einfluss haben. Die anderen Tools wie Aussprache, Lautstärke, Sprechtempo und Tonalitäten sind etwas anspruchsvoller und erfordern ein professionelles Sprech- bzw. Stimmtraining. Übrigens: Sobald Sie einmal Zeit und Lust auf eine wirklich spannende neue Erfahrung haben, empfehle ich Ihnen sehr, sich ein solches Training zu gönnen. Schauen wir uns die sieben verbalen Emotionsförderer genauer an:

1. Betonungen

Betonungen

- **steigern die Lebendigkeit Ihrer Sprache**
- **erhöhen die Aufmerksamkeit anderer**
- **trennen Wichtiges von Unwichtigem**
- **verleihen Ihrer Aussage mehr Bedeutung**
- **sind der verbale Emotionsüberträger Nr. 1**

Betonungen sind das Salz in der Suppe, die feine Würze Ihrer Sprechweise, der Ferrari unter den verbalen Ausdrucksmitteln! Mit keinem anderen der sieben Tools können Sie so sehr die Intensität und Lebendigkeit Ihrer Sprechweise fördern, die hohe

Aufmerksamkeit Ihrer Zuhörer an sich reißen und Ihre wichtigsten Kernbotschaften unterstreichen bzw. Ihrer Aussage mehr Bedeutung verleihen wie mit regelmäßigen Betonungen. Und: Mit keinem anderen Mittel werden Sie so intensiv, gezielt und fast vorhersehbar so positive, eindringliche Emotionen wie Leidenschaft und Begeisterung hörbar und fühlbar machen.

Was sind nun überhaupt Betonungen und wie verwenden Sie diese ab sofort am besten? Vereinfacht ausgedrückt handelt es sich beim Betonen um das bewusste Aussprechen von bestimmten Schlüsselbegriffen – also z. B. wichtigen Zahlen und Fakten – und besonders: *Magic Words!* Diese kleinen Zauberwörtchen wie »wertvoll, faszinierend, spannend« usw. entfalten ihre volle emotionalisierende Wirkung auf Menschen wirklich erst dann, wenn Sie sie eben auch bewusst sehr betont aussprechen.

Betonen können wir über

- **Dehnung: Sie sprechen das Schlüsselwort l-ä-n-g-e-r und mit Nachdruck aus, danach folgt eine Kurzpause.**
- **Lautstärke: Sie sprechen Ihr Schlüsselwort ganz bewusst deutlich lauter oder leiser aus als den Rest des Satzes.**

Nachdruck in der Stimme

Beide Stilmittel wirken wunderbar, wenn sie maßvoll und sehr punktuell eingesetzt werden. Alles bzw. zu vieles zu betonen, heißt nichts zu betonen. Das bedeutet natürlich, dass Ihnen die Kernbotschaften klar sein müssen, bevor Sie darüber sprechen. Wer betont spricht, der hat auch klare Gedanken, Prioritäten und Ziele. Übrigens: Ich persönlich bevorzuge es meistens, Schlüsselbegriffe über die Dehnung zu betonen, also mit viel Nachdruck in der Stimme und mit darauf folgender Kurzpause.

Übung

Jetzt üben wir das Ganze und nehmen zunächst nur ein Wort, das wir unterschiedlich betonen wollen: »**wichtig**«.

Probieren Sie bitte alle Möglichkeiten aus: Sprechen Sie dieses Wort zuerst einmal so aus, wie Sie es gewohnt sind. Dann hauchen Sie es dreimal ganz leise, danach sprechen Sie es dreimal überdeutlich laut aus. Kommen wir nun zur Variante der Dehnung: Sprechen Sie »wichtig« zunächst einmal sehr schnell aus – und danach drei Mal ganz l-a-n-g-s-a-m , ganz g-e-d-e-h-n-t , so wie Sie es bestimmt tun, wenn Sie »Oh jeeeeeeh« sagen. Wie gut gelingt Ihnen das? Welche Unterschiede zwischen den einzelnen Varianten laut – leise, schnell – gedehnt bemerken Sie?

Gehen wir einen Schritt weiter, betonen wir in ganzen Sätzen:

- *»Diese Aussage ist wichtig!«*
- *»Es ist faszinierend, wie gut Sie das können.«*
- *»Große Lust empfinde ich, wenn ich lese.«*

Wie und an welchen Stellen betonen Sie diese Sätze? Sprechen Sie diese laut aus, hören Sie sich selbst dabei wieder gut zu und probieren Sie beide Varianten aus: Erst laut – leise, dann schnell – gedehnt, jetzt bitte mit anschließender Kurzpause.

Hier ist mein Vorschlag für die richtige Betonung dieser Sätze:

- *»Diese Aussage ist **wichtig!**«*
- *»Es ist **faszinierend**, wie gut Sie das können.«*
- *»**Große Lust** empfinde ich, wenn ich lese.«*

Fazit: Betonungen sind das faszinierendste Ausdrucksmittel, um unserer Gesamtaussage viel mehr Bedeutung und Nachdruck zu verleihen. Indem Sie Schlüsselwörter stark betont aussprechen, ziehen Sie die volle Aufmerksamkeit von Menschen auf sich, betonen Ihre Ziele und schüren so bewusst geballte Emotionen.

Entscheidend, um überhaupt maß- und wirkungsvoll betonen zu können ist, genau zu wissen, welche Punkte Ihrer Aussage Ihnen besonders wichtig sind. Was sind die Kernaussagen, was soll beim Gegenüber ankommen und bleiben? Betontermaßen!

2. Pausen Pausen sind für Ihre gesamte persönliche Wirkung unglaublich wertvoll – nicht nur, wie gerade beim »Betonen« ausprobiert. Pausen haben für Sie und Ihre Gesprächspartner viele Vorteile:

Pausen nutzen

- **den Zuhörern zum Nachdenken**
- **Ihnen selbst zum Vorausdenken**
- **dem gezielten Spannungsaufbau**
- **der erhöhten Betonung und Wirkung**

Pausen sind ein faszinierendes Stilmittel, das Sie sehr bewusst und zum Wohle aller Beteiligten regelmäßig nutzen sollten. Möglichkeiten bzw. Gründe gibt es dafür in Hülle und Fülle:

- *Regelmäßige Satzpause:* vor / nach / zwischen Sätzen
- *Spannungspause:* vor wichtigen Argumenten
- *Wirkungspause:* nach besonderen Aussagen
- *Negatives Feedback*: Unruhe, mangelnde Aufmerksamkeit

Regelmäßige Pausen machen es Ihren Zuhörern viel leichter, Ihnen zu folgen, das gerade eben Gehörte sacken zu lassen. Das fördert die gute Stimmung. Sie selbst wiederum haben wertvolle Zeit, sich Ihre nächsten Worte zurechtzulegen.

Ganz gezielt als Spannungspause vor einem wichtigen Schlüsselwort oder als starke Wirkungspause gleich nach einem Highlight eingesetzt, erhöhen Pausen einfach immer den Wirkungsgrad, die Effektivität Ihrer Kommunikation mit anderen Menschen.

Die Frage ist: Wie sehr nutzen Sie Pausen aller Art als echtes Erfolgsinstrument? Achten Sie bitte gerade in nächster Zeit sehr darauf, die Pausenvarianten häufig einzusetzen.

3. Satzlängen Wer sich durchsetzen will, der wählt kurze Sätze! An dieser Aussage ist wirklich viel dran: Wer verbindlich sein will, der redet gerne und bewusst in kurzen, prägnanten Sätzen.

Kurze Sätze

- **sind leicht zu denken/sprechen**
- **sind einfach zu verstehen**
- **lassen sich gut merken**
- **erhöhen die Aufmerksamkeit**
- **bestehen aus maximal acht bis zwölf Wörtern**

Kurze Sätze sind weit mehr als einfach nur ein Stilmittel: Der oben genannte Leitspruch ist ein kurzer Satz: Er besteht aus acht Wörtern, ist leicht zu formulieren und wohl auch bestens zu verstehen. Er erhöht die Aufmerksamkeit durch seine Prägnanz und, sehr wichtig, er lässt sich bestimmt auch sehr leicht merken, oder?

Insgesamt erhöhen kurze Sätze die Wirkung Ihrer Aussagen und fördern ein gutes Gesprächsklima. Denn wer mitkommt, der hört auch gerne zu. Ganz im Unterschied zu Schachtel- oder Bandwurmsätzen, die nie enden wollen, den Redner und den Zuhörer bis aufs Äußerste fordern, einfach keinen Spaß machen und irgendwann sogar zu einer schlechten Stimmung führen können, weil niemand mehr weiß, worum es gerade geht. Dies wird Ihnen selten offen gesagt, Ihr Gegenüber schaltet einfach ab, »zappt« Sie gedanklich weg, ist für Sie und Ihre Ziele verloren.

Fazit: Kurze Sätze tun allen gut, gerade bei gesprochener Sprache. Sie erhalten die Konzentration, erhöhen Ihre Wirkung und machen es anderen besonders leicht, Ihnen zu folgen.

4. Aussprache

Ihr Erfolg beginnt mit Ihrer deutlichen Aussprache. Viele Missverständnisse und Ärgernisse entstehen tatsächlich dadurch, dass wir von anderen nicht richtig gehört und dadurch falsch verstanden werden. Nuscheln, ein zu hohes Sprechtempo und das zu geringe Öffnen der Lippen bzw. des Mundraumes sind die klaren Hauptursachen mangelnder Verständlichkeit.

Achten Sie darauf, dass Sie wirklich deutlich sprechen. Holen Sie sich Feedback, fragen Sie Freunde und Bekannte, wie diese Sie diesbezüglich einschätzen. Und falls Sie Ihre Aussprache deutlich verbessern wollen, empfehle ich Ihnen die »Korkenübung« – Standardübung für Sänger und Schauspieler.

Die Korkenübung

Nehmen Sie einen weichen Korken ganz leicht zwischen die Schneidezähne Ihres Ober- und Unterkiefers – so, dass sich nur wenige Millimeter des Korkens hinter den Zähnen befinden. Nun lesen Sie z. B. einen Text laut vor und halten den Korken weiter ganz leicht zwischen den Schneidezähnen. Sprechen Sie langsam, laut und so deutlich es nur irgendwie geht. Hören Sie sich selbst genau zu und achten Sie darauf, ob und wie gut Sie sich verstehen können. Sie werden dann sicher ganz schnell bemerken, dass Sie von Mal zu Mal, trotz Korken im Mund, immer deutlicher zu verstehen sind. Tun Sie bitte alles unbedingt mit großer Leichtigkeit! Am Anfang empfehle ich Ihnen, nach einer Minuten eine Pause einzulegen, gerne auch früher. Nehmen Sie den Korken aus dem Mund heraus und prüfen Sie, ob Ihre Kiefer entspannt sind. Wenn ja, wiederholen Sie die Übung, dann gerne auch länger. Viel Spaß dabei!

5. Lautstärke und 6. Sprechtempo

Lautstärke und Sprechtempo sind besonders gut zum Angleichen an den Gesprächspartner geeignet. Sobald Sie wahrgenommen haben, welche Lautstärke und welches Sprachtempo der andere bevorzugt, können Sie sich dem ein wenig angleichen. Das fördert das Gesprächsklima, denn Gleich und Gleich gesellt sich in diesen beiden Punkten besonders gerne. Denken Sie daran:

> **In dem Tempo, in dem ein Mensch spricht, versteht er auch.**

Aus diesem Grund wird es schnell sehr unangenehm, wenn z. B. ein Schnell- auf einen Langsamredner trifft. Erstgenannter ist schnell in Gedanken und Worten und ebenso »schnell« vom deutlich langsameren Sprechtempo des anderen gelangweilt. Umgekehrt fühlt sich der Langsamredner »schnell« überfordert und kann die Informationen in diesem hohen Tempo kaum behalten.

Trifft der Laute auf einen leise sprechenden Menschen, dann verhält es sich ähnlich negativ: Der eine ist dem anderen meist suspekt, die hohe Lautstärke wirkt auf den Partner dominant, angreifend und bedrängend. Den Laut-Sprecher wiederum nervt das Geflüster, er setzt dies schnell mit Unsicherheit, manchmal sogar mit mangelnder Glaubwürdigkeit und Kompetenz gleich.

Nutzen Sie die Ausdrucksmittel Lautstärke und Tempo, um sich an Ihr Gegenüber anzugleichen. Das bewirkt Wunder!

7. Tonalitäten

Der Ton unterstützt die Wirkung Ihrer Botschaft. Richtig und wirkungsvoll eingesetzt, geht er

- Bei Fragen am Satzende nach oben: *»Haben Sie jetzt Zeit?«*
- Bei neutralen Aussagen bleibt er eher gleich: *»Es ist 5 Uhr.«*
- Bei Befehlen bzw. nachdrücklich verbindlichen Statements fällt er am Satzende nach unten ab: *»Das ist mein Angebot.«*

Immer wieder erlebe ich, dass Menschen eine völlig falsche Tonalität verwenden: Dann bleibt der Ton bei einer Frage zum Beispiel konstant oder, besonders häufig zu hören, Menschen stellen sich zu Beginn eines Vortrags vor, nennen dabei ihren Namen und gehen direkt am Ende des Nachnamens mit dem Ton nach oben. Klar versteht dies niemand bewusst als Frage. Und doch tragen wir Ungereimtheiten bzw. Unsicherheiten in unsere Aussagen, die völlig unnötig sind. Übrigens: Kinder und ebenso Tiere, z. B. Hunde, reagieren sehr stark auf die richtige Tonalität – ganz besonders in Verbindung mit einem kurzen Satz versteht das Kleinkind die Aussage: *»Du räumst jetzt sofort auf«*, mit abfallendem Ton am Satzende, genau richtig. Und reagiert prompt!

Achten Sie darauf, keine Fehlaussagen zu verursachen, die unnötige Interpretationen bewirken.
Wie passend ist Ihr Ton bei Fragen bzw. Aussagen? Und bei Befehlen?

Nonverbale Präsenz: Ihre Körpersprache bringt es immer an den Tag

Ist Ihnen das auch schon einmal passiert? Sie stehen einfach so da, in Gedanken oder anderen zuhörend, die Arme verschränkt oder in den Hosentaschen. Plötzlich werden Sie darauf angesprochen, warum Sie gerade so verschlossen sind.

Körpersprache ist die wohl älteste Sprache der Menschheit und sozusagen unser kollektiver »passiver Sprachschatz« – jeder versteht diese Sprache, die meisten allerdings nur unbewusst. Auf kaum etwas haben wir so wenig aktiven Einfluss. Und wenn, dann nur aufgrund intensiven Trainings und jahrelanger Übung – wie die Berufsgruppe der Schauspieler, die sich mit voller Absicht verstellen, eben eine Rolle spielen.

Und selbst in dieser Berufsgruppe sind die meisten meiner Meinung nach lediglich Darsteller ihrer selbst, sie spielen ihren eigenen Charakter und passen so eben in das gewünschte Rollenprofil. Nur wenige große Schauspieler vom Format z. B. eines Robert de Niro können die volle Bandbreite spielen, vom *Good Guy* bis zum *Bad Guy*. Das ist auch gut so!

Kein Körpersprache-Training

Oft werde ich von Firmen gebeten, ein Körpersprache-Training mit deren Verkäufern durchzuführen. Dies lehne ich stets aus einem klaren Beweggrund ab, denn Körpersprache ist keine Ursache, sondern immer die Wirkung! Seine Körpersprache bewusst zu verändern bedeutet in fast allen Fällen, an Sympathie und Glaubwürdigkeit zu verlieren. Ich empfehle den Firmen, ihre Vertriebsmannschaft lieber in mentalem Training zu fördern, denn damit arbeiten wir direkt an der Quelle, wir trainieren die wahre Ursache der Körpersprache.

Nicht umsonst heißt es im Volksmund in etwa: »Der Körper sagt immer die Wahrheit.« Das heißt, Ihre Körpersprache, und ganz besonders Ihre Mimik, ist stets das aktuelle Spiegelbild Ihres Inneren – Ihrer Gedanken, Gefühle, Stimmungen usw.

Echte Körpersprache ist also stets etwas Natürliches, zumeist zu Recht sogar etwas Unbewusstes und – ganz besonders wichtig – der verantwortliche Verursacher der für jeden Überzeugungsprozess, vom Flirten bis zum Verkaufsabschluss, so wichtigen »Authentizität«, noch einfacher ausgedrückt: Glaubwürdigkeit.

Glaubwürdigkeit

Nichts ist für jeden Menschen, der mit seiner Umgebung sofort und auf Dauer erfolgreich zurechtkommen will, so wichtig wie Glaubwürdigkeit. Denn diese sorgt schnell für Vertrauen, das entscheidet, wenn Sie andere Menschen motivieren, führen oder einfach überzeugen wollen. Die damit fast automatisch einhergehende Sympathiebildung ist da schon eine wenn auch äußerst angenehme und wichtige Nebensache. Jahrelang wurde die Bedeutung, besonders die Deutung von körpersprachlichen Indizien, völlig überbewertet – mehr als Indizien liefert uns die Körpersprache eines Menschen nämlich nicht. Entscheidend für die richtige, erfolgreiche Deutung ist, diese immer im Kontext zum Thema, zur Stimmung und zur Mimik des Betreffenden zu bewerten. Überlegen Sie einmal, wann z.B. ein Mensch, der mit verschränkten Armen vor Ihnen steht, auf Sie wirklich verschlossen wirkt: wohl kaum, wenn er Sie dabei anlächelt, Ihnen gerade zuhört, Sie dabei anschaut …

All dies wurde von den Heerscharen der Hobby-Körperspracheddeuter nicht berücksichtigt und viele schädliche Fehldeutungen, noch schlimmer, Vorverurteilungen waren die unsausweichliche Folge. Heute hat sich dieser unnötige Trend glücklicherweise gelegt. Es ist weithin bekannt, dass nur entsprechende Gedanken zu den korrespondierenden Gefühlen und diese dann zu einer genau dazu passenden Körpersprache führen. Oder müssen Sie sich, wenn Sie begeistert sind, bewusst zum Jubel zwingen?

Mimik

Der Körper folgt dem Geist – umgekehrt gilt dies auch, wie wir noch sehen und sogar ganz aktiv nutzen werden. Eine faszinierende, Menschen besonders stark beeindruckende Form der Körpersprache erwähne ich bereits an dieser Stelle: die Mimik. Sie nimmt eine entscheidende Rolle ein: Einerseits wird sie von anderen am stärksten wahrgenommen. Achten Sie bitte einmal bewusst darauf, wie Sie auf mimisch ausdrucksstarke Menschen reagieren: Meist sind Sie von diesen in den meisten Fällen völlig zu Recht charismatisch genannten Menschen spontan beeindruckt. Nicht umsonst sind gerade auch im Lager der guten Schauspieler einige dieser wertvollen Exemplare zu finden – deren ureigenste Aufgabe ist es ja gerade, Sie gebannt in den Fernseher oder auf die Kinoleinwand starren zu lassen. Meist können wir über die restliche Körpersprache dieser Menschen im Nachhinein nur wenig sagen, denn zu sehr waren wir von deren Mimik fasziniert.

Andererseits ist es tatsächlich so, dass für viele bei der Gesamtbeurteilung von Körpersprache die Mimik eines Menschen den Ausschlag gibt. Im Klartext heißt dies, dass ein Mensch mit freundlicher, offener Mimik auch bei fehlinterpretierbarer Gestik, Haltung usw. automatisch viel positiver bewertet wird als ein anderer, dessen Gesicht und Augen eine andere Sprache sprechen. Überhaupt ist der Blick eines Menschen, neben dem Lächeln, der Hauptsympathieerzeuger. Sie wissen ja: Augen können lächeln, funkeln, Begeisterung versprühen.

Augen Kaum etwas verrät Ihnen mehr über die Wachheit, Ehrlichkeit, den inneren Zustand eines Menschen als seine Augen. Achten Sie einmal darauf, wie andere Menschen Sie ansehen. Wer mit Begeisterung bei der Sache ist, wem sein Thema leichtfällt und Spaß macht, der kann Sie sogar ansehen, während er mit Ihnen redet. Die meisten anderen, bei denen zumindest einer der genannten Faktoren nicht zutrifft, konzentrieren und flüchten sich mit Blicken auf den Fußboden, die Zimmerdecke usw. Und auch hier gilt wie für die gesamte Körpersprache: Alles ist Wirkung, nicht Ursache. Wenn die Augen Ihres Gesprächspartners funkeln, er Ihnen mit großer Begeisterung eine neue Idee vorträgt, dann stimmt dies genauso wie in einer jedem Kind und auch jedem Erwachsenen gut bekannten hochemotionalen Situation: Gemeint ist der nur nach der Aufforderung *»Schau mir in die Augen, wenn du antwortest«* eher widerwillig stattfindende Blickkontakt zwischen Mutter und Kind, wenn es die Wahrheit sagen soll.

Mimik ist fast alles, ohne Mimik ist auf jeden Fall alles nichts!

Und aus all diesen Gründen rate ich meinen Kunden, Seminarteilnehmern und natürlich auch Ihnen, künftig mehr auf ihre Mimik zu achten. Sie gehören zum Glück ja spätestens jetzt zu denjenigen Menschen, die über ein klares Selbstbild verfügen – konkreter gesagt sich selbst auch z. B. so genau beschreiben könnten, dass man Sie aufgrund Ihres selbst angefertigten Phantombildes finden würde. Mache ich hier nur einen Witz? Nein, es ist tatsächlich so, wie Sie es hoffentlich in Seminaren schon oft gehört oder in guten Büchern gelesen haben: Alles beginnt mit der eigenen Wahrnehmung. Sie können an Ihrer Sprache, Wirkung, Mimik usw. wirklich erst dann erfolgreich arbeiten, wenn Sie genau wissen, wo Sie jetzt gerade stehen. Bleiben wir bei der Mimik und machen wir gleich eine tolle Übung.

Übung

Stellen Sie sich ab sofort dreimal täglich vor einen Spiegel und schauen Sie sich eine Minute ganz bewusst an. Dann denken Sie nacheinander an etwas Positives, etwas Negatives und etwas Neutrales: Beobachten Sie sehr genau, wie sich Ihre Mimik verändert.

Lust oder Langeweile: Ihre Mimik entscheidet

Die Mimik ist das Spiegelbild unserer Gedanken, Monitor unseres aktuellen emotionalen Zustands. Halt! Wissen Sie, wie Sie jetzt gerade aussehen bzw. dreinschauen, während Sie diese Worte lesen? Wie ist Ihre Mimik? Stehen Sie bitte auf und prüfen Sie dies im nächsten Spiegel. Sie können tun und lassen, was Sie wollen, die besten verbalen Instrumente einsetzen – ein nonverbales Mittel ist und bleibt jedoch unschlagbar: Ihre Mimik!

Charisma

Stimmt die Mimik, strahlt Ihr Gesicht und glänzen Ihre Augen, dann wirkt für Sie das wohl mächtigste und faszinierendste Erfolgsinstrument. Wir sprechen dann von Charisma, denn Sie fallen auf, ziehen Menschen in Ihren Bann, Ihnen wird genau zugehört und selbst mögliche körpersprachliche Fehlaussagen in Ihrer Haltung und Gestik werden dadurch eliminiert. Ist die Mimik eher fad, fehlt die Ausstrahlung, dann wird dies schnell zum gefährlichen Engpassfaktor für alle sonstigen Aktivitäten.

Heute ist bekannt: So wichtig die Gesamtkörpersprache auch sein kann, entscheidend ist die Mimik. Sie gibt den Ausschlag, ist das Tor zu Sympathie, Vertrauen und Glaubwürdigkeit. Sie allein entscheiden, ob sich dieses Tor öffnet oder verschließt!

Übrigens: Die meisten Menschen verfügen tatsächlich über ein mangelhaftes Selbstbild – und sie würden aufgrund ihres selbst angefertigten Phantombildes wohl niemals gefunden werden.

Übung

In den nächsten vier Wochen schauen Sie bitte immer wieder in den Spiegel und trainieren Ihre Mimik (Blick, Lächeln).

Mit Blicken (ver-)führen

Jetzt kommen wir zu einem ganz besonders spannenden, wenn für Sie vielleicht auch ungewohnten Thema: Ihrem Blickkontakt! Ihre Augen sind das direkte Spiegelbild Ihres inneren Zustands, zeigen deutlich, wie (gut) es Ihnen gerade geht, wie wohl Sie sich in diesem Moment fühlen – einfach ob Sie sicher, unsicher, lustlos oder engagiert sind. Ihr Blick ist das Kontaktinstrument, der Schlüssel für gesteigerte Präsenz, und verstärkt somit Ihre Ausstrahlung, Ihre Wirkung und Ihre gesamte Überzeugungskraft.

Ihre Augen können wach oder auch müde, intensiv oder auch ausdruckslos sein – Sie können zu Menschen einfach hinsehen oder diese richtig intensiv ansehen. Und Letzteres wirkt sofort: Denn Blicke übertragen Emotionen. Ohne ein einziges Wort!

Über Ihre Augen haben Sie unglaublich viel Einfluss, können

- **Menschen mit Blicken begrüßen**
- **Ihre Glaubwürdigkeit untermauern**
- **Sympathie und Vertrauen aufbauen**
- **in Gesprächen führen**
- **Argumente gezielt verstärken**
- **Zustimmung oder Ablehnung signalisieren**
- **manchmal sogar Menschen verführen**

Die Frage ist: Wie emotional laufen Sie durch die Welt: Wie intensiv, lebendig und aktiv schauen Sie Ihre Mitmenschen an?

Übung

In den nächsten vier Wochen schauen Sie

1. sich selbst bitte dreimal täglich im Spiegel in die Augen,
2. Ihre Gesprächspartner bitte ganz besonders bewusst an.

Entdecken Sie drei mächtige PowerSprache-Tools

1. Die Kunst, richtig zu fragen

Wer fragt, der führt – und lenkt, was der andere denkt. Bestimmt haben Sie von diesem so bedeutenden und wahren Zusammenhang schon einmal gehört, oder? Fragen sind wichtig, liefern uns viele wertvolle Informationen, beschleunigen klare Entscheidungen und öffnen uns das Tor zur Welt unseres Gesprächspartners. Das weiß fast jeder, den ich nach der Bedeutung von Fragen befrage – und doch stelle ich leider immer wieder fest, dass diese kostbare Informationsquelle bei den meisten Menschen annähernd versiegt ist. Woran liegt dies wohl? Einerseits ist es sicher die Gewohnheit, dies zu tun oder eben auch nicht. Dann höre ich oft, Fragen zu stellen sei ja auch gefährlich, denn der andere hätte so viele Möglichkeiten, sich selbst z.B. zu stark in den Mittelpunkt des Gespräches zu stellen, indem er aus dem Beantworten der Frage überhaupt nicht mehr herauskommt. Oder er lenkt das Gespräch sogar auf ein völlig neues Thema bzw. in eine für uns unerwünschte Richtung. Mag sein, doch selbst dies lässt sich mit der richtigen Frage zum passenden Zeitpunkt abwenden.

Die richtigen Fragen

- **liefern wertvolle Informationen**
- **vermeiden bzw. reduzieren Einwände**
- **fördern klare Entscheidungen**

Wer seine Gespräche wirklich führen und möglichst schnell an ein gewünschtes Ziel lenken will, der kommt ums Fragenstellen einfach nicht herum. Zum Glück, denn es macht viel Spaß.

Gut gefragt ist halb verkauft! Sie erinnern sich: Jeder von uns ist ein Verkäufer. Letztendlich geht es immer darum, unsere Ideen, Leistungen und Ziele oder tatsächlich Produkte und Leistungen zu verkaufen.

Wer nicht fragt, bleibt dumm. Diese Weisheit kennen auch Sie sicher noch aus der »Sesamstraße« – sie gilt auch für Verkäufer. Für sie sind Fragen das Zaubermittel, um Kunden sicher und schnell zum (Vertrags-)Abschluss zu führen.

Verkaufsalltag

Ein konkretes Beispiel aus dem Verkaufsalltag. Verkäufer Müller ist begeistert: Ein Kunde interessiert sich für eine komplette Golfausrüstung. Also führt Müller ihn in die Golfabteilung des Sportgeschäfts und präsentiert ihm mehrere Schläger-Sets nebst zugehöriger Tasche. Er erläutert dem Kunden ausführlich die Vorteile der jeweiligen Marke und erklärt ihm die Vorzüge der verwendeten Materialien sowie die Besonderheiten der Verarbeitung. Doch je länger das Gespräch dauert, umso unschlüssiger wird der Kunde. Und er stellt immer mehr skeptische Zwischenfragen: *»Wäre jenes Material nicht besser für mich?« »Brauche ich das wirklich?«* Und zuletzt sagt er: *»Ich lasse mir das zu Hause nochmals durch den Kopf gehen.«* Worauf Verkäufer Müller aus Angst, dass sich der Kunde nie wieder blicken lässt, einen letzten verzweifelten Vorstoß wagt: *»Soll ich Ihnen noch die Golfschuhe zeigen?«* Der Kunde erwidert genervt: *»Dafür fehlt mir jetzt die Zeit.«*

Was genau lief bei diesem Verkaufsgespräch schief? Verkäufer Müller macht leider den Kardinalfehler vieler Durchschnittsverkäufer: Er redet und redet und redet, statt gleich zu Beginn des Gesprächs die Kaufmotive des Kunden zu ermitteln. Denn jeder hat bzw. braucht ein Motiv – ohne Motiv kein Handeln, keine Entscheidung, kein Gesprächs- bzw. Verkaufsabschluss. Daher ist es für den erfolgreichen Verlauf eines (Verkaufs-)Gesprächs so wichtig, die »Kaufmotive« des Gegenübers zu erfragen. Denn diese können völlig unterschiedlich sein. Der Kunde kann zum Beispiel ein routinierter Spieler sein und eine Profi-Ausrüstung wünschen. Vielleicht ist er auch ein »blutiger Anfänger«, der für einen Schnupper-Golfkurs nur ein »Starter-Set« braucht. Oder er möchte für seine Schwiegermutter eine Ausrüstung kaufen, mit der sie die Damen ihrer Bridge-Runde beeindrucken kann.

Weil Verkäufer Müller dies wohl nicht wusste, präsentierte er einfach die – seiner Meinung nach – besten Sets. Und platzierte die vielen Verkaufsargumente in »Schrotflinten-Manier«. Gemäß dem Motto »Irgendetwas Passendes wird schon dabei sein« zählte er wahllos alle möglichen Produktvorteile auf.

Gespräche ökonomisch und kundenorientiert führen

Diesen Fehler begehen viele von uns – ganz gleich, ob sie Ideen, Immobilien, Finanzprodukte oder komplexe technische Güter und Dienstleistungen verkaufen. Die glasklare Folge ist: Ihre Verkaufsgespräche sind nicht ökonomisch, denn sie

- nehmen unnötig viel Zeit in Anspruch und
- führen zu selten zum Kaufabschluss.

Die Verkaufsgespräche sind zudem nicht kundenorientiert. Denn sie stellen die Geduld des Kunden auf eine harte Probe. Und er muss sich selbst aus dem Wust an Informationen die für ihn relevanten herausfiltern. Also sucht er lieber einen anderen Verkäufer auf, der ihm das gute Gefühl vermittelt, ihn wirklich »individuell« zu beraten. Und das erwartet er von einem Fachverkäufer völlig zu Recht.

Ein weiterer Nachteil einer solchen Gesprächsführung: Der Verkäufer macht sich und seine Argumentation angreifbar. Denn wenn er zum Beispiel sagt »Diese Marke bevorzugen die meisten Golfer«, kann dies genau das falsche Argument sein, wenn der Kunde z. B. etwas Exklusives wünscht. Sagt er hingegen: »Das ist eine sehr exklusive Ausrüstung«, kann dies ebenfalls wenig verkaufsfördernd sein – zum Beispiel, wenn der Kunde gerade nicht auffallen und wie ein »Neureicher« wirken möchte.

Spitzenverkäufer wissen dies, und darum ist ihnen auch klar:

Fragen sind das beste Mittel, um Kunden schnell und gezielt zum Abschluss zu führen. Stellen Sie deshalb in allen Phasen des Verkaufsgesprächs Fragen, Fragen und nochmals Fragen:

- **Zu Beginn des Gesprächs, um zu ermitteln, was dem Kunden bei der Kaufentscheidung wichtig ist, und um die für ihn (möglicherweise) passenden Produkte auswählen zu können.**
- **Während der Präsentation der ausgewählten Produkte, um sich zu vergewissern, ob Sie sich noch auf dem richtigen Weg befinden, und um den Kunden zu Teilentscheidungen zu führen.**
- **In der Abschlussphase, um den Kunden zum endgültigen Ja zu führen.**

Die Kaufmotive mit System erfragen

Die Kaufmotive eines Kunden können Sie zum Beispiel mit folgender Frage erkunden: *»Was erwarten Sie von ... – Ihrem neuen Kleid, Ihrem neuen Auto?«* Mit dieser Frage lenken Sie die Aufmerksamkeit des Kunden auf die Ziele, die er mit dem Kauf verfolgt. Auf die genannten Fragen erhalten Sie als Verkäufer in der Regel Antworten wie: *»Ich möchte ein richtig elegantes Abendkleid.«* Oder: *»Unser neues Auto soll eine echte Familienkutsche sein, mit der wir auch bequem in Urlaub fahren können.«*

Geben Sie sich mit solch allgemeinen Aussagen nicht zufrieden, denn sie liefern Ihnen nicht die Detailinfos, die Sie für das weitere Verkaufsgespräch brauchen. Hierfür können Sie dem Kunden weitere offene Fragen stellen – wie zum Beispiel: *»Zu welchen Anlässen werden Sie das Kleid bevorzugt tragen?«* Und: *»Wie wollen Sie gerne in diesem Kleid wirken?«* Denn nur so erfahren Sie, dass die Kundin ein Ballkleid sucht; des Weiteren, dass dieses zwar elegant, jedoch keinesfalls »mondän« wirken soll. Und dass es schön feminin aussehen soll – weshalb das Dekolleté durchaus etwas tiefer ausgeschnitten sein darf.

Ähnlich verhält es sich beim Autokauf. Hier könnte Ihre Nachfrage lauten: *»Mit wie vielen Personen fahren Sie in Urlaub und was nehmen Sie außer dem normalen Reisegepäck mit?«* Denn nur so erfahren Sie, dass in der Familienkutsche außer drei Kindern und einem Hund auch noch die Camping-Utensilien Platz finden sollen. Sie erhalten also die Detailinfos, die Sie brauchen, um das passende Fahrzeug auszuwählen – und die nötigen Infos, um dies so zu präsentieren, dass der Kunde zur Erkenntnis gelangt: *»Dieses Auto muss ich haben (selbst wenn es etwas mehr kostet, als ursprünglich gedacht).«*

Im Gespräch viele Teilentscheidungen einholen

Bevor Sie die zwei oder drei ausgewählten Produkte präsentieren, sollten Sie sich nochmals vergewissern, dass Sie wirklich wissen, was dem Kunden wichtig ist. Am einfachsten gelingt Ihnen dies, indem Sie die bisherigen Ergebnisse des Gesprächs mit eigenen Worten zusammenfassen, also zum Beispiel sagen: *»Wenn ich Sie richtig verstanden habe, suchen Sie ein Ballkleid, das zwar elegant, jedoch zugleich schlicht wirkt. Und das Ihre Figur betont und Ihre Weiblichkeit unterstreicht. Trifft dies zu?«* Der Vorteil: Der Kundin erhält das Gefühl *»Der Verkäufer hat mich verstanden«*. Und Missverständnisse, die das Verkaufsgespräch unnötig verlängern, kommen gar nicht erst auf.

Wenn Ihnen der Kunde signalisiert hat *»Ja, so etwas will ich haben«*, können Sie mit der Präsentation beginnen. Diese sollte kein Monolog, sondern ein Dialog sein. Kommunizieren Sie also mit Ihrem Gegenüber. Fragen Sie zum Beispiel, nachdem Sie den

Schnitt eines Kleides erläutert haben: *»Entspricht ein so langer Schlitz an der Seite Ihren Vorstellungen?«* Oder wenn Sie die Vorzüge des Materials beschrieben haben: *»Wie gut gefällt Ihnen dieser Stoff?«* Beim Autoverkauf könnten entsprechende Fragen lauten: *»Wie sehr entspricht dieser Van mit sieben Sitzen, von denen sich zwei herausnehmen lassen, Ihren Vorstellungen?«* Oder: *»Sagt Ihnen diese Metallic-Lackierung zu?«* Nun sollten Sie also entweder geschlossene Fragen stellen, denn mit seiner Antwort fällt der Kunde eine Teilentscheidung, oder so genannte positiv vorformulierte Fragen: »Wie gut ...?«, »Wie sehr ...?« Und auch präzisierende Fragen »Wie / wann / was genau ...?« Ein solches Vorgehen hat mehrere Vorteile:

1. Sie sind in einem permanenten Dialog mit dem Kunden, so dass dieser sich ernst genommen fühlt.
2. Sie überprüfen regelmäßig, ob Sie sich noch auf dem richtigen Weg zum Kaufabschluss befinden.
3. Sie veranlassen den Kunden dazu, im Verlauf des Gesprächs bereits viele Teilentscheidungen zu treffen.

Entsprechend leicht fällt ihm am Schluss die endgültige Entscheidung: »Ja, das kaufe ich.« Denn sie ist eine logische Konsequenz der Teilentscheidungen, die er bereits getroffen hat.

Vorsicht: Kundenbedürfnisse sind vielfältig

Beachten Sie bei der Bedarfsanalyse und der Produktpräsentation stets, dass die Kundenbedürfnisse vielfältig sind. Kunden haben zumeist nicht nur »technische« Bedürfnisse – wie zum Beispiel: *»Wie groß soll das Kleid sein?«* Oder: *»Wie viel PS soll das Auto haben?«* Sie haben auch Erwartungen bezüglich des Ablaufs – zum Beispiel: *»Bis wann sollen die Änderungen am Kleid ausgeführt sein?« »Bis wann soll das Auto geliefert werden?«* Zudem haben sie »wirtschaftliche« Bedürfnisse: *»Wie viel darf das Kleid kosten?« »Wie hoch soll der Spritverbrauch des Autos maximal sein?«*

Nur wenn all diese Bedürfnisse annähernd befriedigt werden, sagt der Kunde Ja. Stellen Sie deshalb auch solche Fragen: *»Entspricht der Preis des Kleides Ihren Vorstellungen?«* Oder: *»In sechs Wochen könnten wir das Fahrzeug ausliefern. Wäre das für Sie okay?«*

Das Ja des Kunden voraussetzen

Hat der Kunde alle relevanten Teilentscheidungen getroffen, können Sie siegessicher auf die Zielgerade jedes Verkaufsgesprächs einbiegen: das Sichern des Auftrags. Auch diese Phase sollten Sie mit einer Frage einleiten. Doch denken Sie dabei daran: Jetzt geht es nicht mehr darum, ob der Kunde kaufen will. Es gilt vielmehr, die Modalitäten des Kaufs zu klären: Was, wann, wo, wie viel? Stellen Sie deshalb zu diesem Zeitpunkt keine Fragen mehr, die beim Kunden erneut Unsicherheit entstehen lassen. Fragen Sie zum Beispiel nicht mehr im Konjunktiv: *»Entspräche das Ihren Vorstellungen?«* Oder: *»Wären Sie mit dem Auto zufrieden?«* Denn solche Fragen veranlassen den Kunden, nochmals seine Teilentscheidungen zu überdenken. Schade, er hatte diese längst getroffen.

Spitzenverkäufer formulieren ihre Fragen in der Schlussphase so, dass sie bereits das Ja zum Kauf beinhalten. Sie fragen zum Beispiel schlicht: *»Bis wann sollen die Änderungen an Ihrem Kleid ausgeführt sein?«* Oder: *»Darf ich Ihnen, bevor ich das Kleid zur Kasse bringe, noch passende Schuhe zeigen?«* Sie können in dieser Gesprächsphase auch Alternativfragen stellen, welche die Kaufentscheidung des Kunden voraussetzen. Zum Beispiel: *»Soll ich im Kaufvertrag für das Fahrzeug die Farbe Blau oder Grün angeben?«* Oder: *»Möchten Sie bar zahlen oder unser günstiges Finanzierungsangebot nutzen?«*

So verkaufsoffensiv können Sie als Verkäufer ruhig vorgehen – sofern der Kunde alle relevanten Teilentscheidungen getroffen hat. Und wenn Sie das vielleicht Wichtigste überhaupt erreicht haben: dem Kunden bei seiner Wahl ein richtig gutes Gefühl gegeben und das Gespräch vom Beginn bis zum erfolgreichen Abschluss als besonderes Erlebnis verkauft haben. Denn dann möchten nicht nur Sie, sondern auch er gerne zum Abschluss kommen und sein Wunschprodukt kaufen bzw. verkaufen.

Wie aufschlussreich waren diese Gedanken für Sie, hier einmal ganz bewusst am konkreten Beispiel eines sehr typischen Verkaufsgespräches erläutert? Bilden Sie sich dazu bitte Ihre eigenen Rückschlüsse und übertragen Sie das Gelernte auf Ihren Alltag.

Wir alle verkaufen in vielen Situationen unseres Lebens! Fragen sind der beste Schlüssel, um den Bedarf und die speziellen Wünsche anderer Menschen zu ergründen, die Vorgehensweise und unsere Argumente genau darauf abzustimmen und anschließend mit unseren Zielen in Einklang zu bringen. Die richtige Frage entscheidet über den Erfolg!

Überblick: So stellen Sie die richtigen Fragen

1. **Offene Frage:** »*Was erwarten Sie von einem guten …?*«
   - Antwort: ein vollständiger Satz, hoher Informationsgehalt
   - Nutzen: W-Fragen oft nutzen, eine der besten Frageformen
2. **Bestätigungsfrage:** »*Sehen Sie das genauso?*« »*Haben Sie sich das so vorgestellt?*«
   - Antwort: Ja oder Nein, Zustimmung oder Ablehnung
   - Nutzen: stark öffnend, ideal zur Einwandvermeidung
3. **Informationsfrage:** »*Wie meinen Sie das*«?
   - Antwort: ein vollständiger Satz, hoher Informationsgehalt
   - Nutzen: beste Hinterfragung bei Konflikten, Unklarheiten
4. **Alternativfrage:** »*Wollen Sie lieber ... dies oder jenes ...?*« »*Passt es Ihnen besser am ... oder am ...?*«
   - Antwort: Alternativen innerhalb eines Korridors möglich
   - Nutzen: sehr hoch, ideal für Termingewinnung / Abschluss
5. **Geschlossene Frage:** »*Gefällt Ihnen der Prospekt?*«
   - Antwort: Ja / nein, wenig Information, Konditionalfrage
   - Nutzen: bitte nur für Entscheidungen verwenden!

6. Suggestivfrage: *»Sie wollen doch sicherlich auch ...?«*

- Antwort: Ja! Stark manipulierend, kein Nein zugelassen
- Nutzen: Vorsicht, bitte äußerst sparsam verwenden!

Fazit: Fragen Sie bitte viel und richtig! Die wichtigsten Fragen sind offene, Bestätigungs-, Informations- und Alternativfragen.

- »Gefällt Ihnen das?«
- »Interessiert Sie das?«

- »Hat es Ihnen geschmeckt?«
- »Kann ich Ihnen weiterhelfen?«

Fragen Sie wie statt ob

Solche Konditionalfragen sind wichtig und immer dann richtig, wenn es tatsächlich um Entscheidungen geht. Allerdings wird diese Frageform im Alltag viel zu häufig und meist dazu auch noch in einem falschen Zusammenhang verwendet. Denn in vielen Fällen wollen wir keine Entscheidung, kein Ja oder Nein, sondern eine sehr viel umfassendere Informationen. Dazu kommt erschwerend, dass wir so alle »Noten von 1–6« zulassen – das drückt nun wirklich kein Selbstbewusstsein aus.

Statt einem bloßen Ja oder Nein wollen wir mehr Information, also wie, wann usw. oder – eine Bestätigung und Anerkennung unserer guten Leistung.

Die Lösung: Ein einziges Wort macht aus einer geschlossenen eine offene Frage – aus dem mageren Ja oder Nein eine qualitativ hochwertige Antwort mit anspruchsvollen Informationen, und zwar das Zauberwort Wie, kombiniert mit »gut«, »sehr« usw.!

*»**Wie gut** gefällt Ihnen das?«*
*»**Wie sehr** interessiert Sie das?«*

Eine zweite Zauberformel lautet: »Was genau ...?«

Statt: *»Gefällt Ihnen das nicht?«* fragen Sie: *»**Was genau** gefällt Ihnen nicht?«*

Fazit: Stellen Sie viele offene Fragen, am besten positiv vorformuliert (»wie gut, wie sehr?«), das drückt Selbstbewusstsein aus und begrenzt die (positive) Antwortbreite. Oder hinterfragen Sie eine Aussage (»was genau?«). Geschlossene Fragen bleiben bitte die Ausnahme.

2. Nutzensprache: Menschen lieben klare Vorteile

Aus der Sicht des Partners formulieren

Stellen Sie sich vor, Sie besuchen einen Vortrag. Sie betreten den großen Saal, nehmen einen Ihnen angenehmen Platz ein und freuen sich auf spannende, Gewinn bringende Stunden. Nach wenigen Minuten ist es so weit: Es wird still, der Referent betritt die Bühne und legt nach einer kurzen Begrüßung los: *»Ich will mit Ihnen heute Abend über das Thema erfolgreiche Kommunikation reden. Ich werde mich dabei auf drei Aspekte konzentrieren und Ihnen die Zusammenhänge klar aufzeigen ...«* Sie haben dies so oder ähnlich bestimmt schon erlebt: Der Referent sagt Ihnen die ganze Zeit, was er will, kann und weiß. Nur eines sagt er Ihnen nicht, nämlich was Sie davon haben.

> **Nutzensprache funktioniert genau anders herum: Sie stellt den Nutzen des anderen in den Vordergrund und zeigt dem Gesprächspartner klipp und klar, auf welche Vorteile er sich freuen darf, formuliert aus seiner Sicht und beginnt so meist mit »Sie« anstatt mit »ich«.**

Das hört sich dann z. B. so an:

»Heute Abend erleben Sie ein spannendes Thema: erfolgreiche Kommunikation. Sie werden drei wichtige Aspekte kennenlernen, die Wirkung hautnah spüren und viele praktische Beispiele mit nach Hause nehmen, die Sie sofort anwenden können ...«

Nutzensprache ist hochwirksam, wirkt emotional: Also, der Gesprächspartner oder Zuhörer

• Spart • Erzielt • Genießt • Gewinnt • Spürt • Erlebt	• Nutzt • Profitiert von • Sichert • Erfährt • Beschleunigt • Erreicht

3. Magic Words: Kleine Zauberworte, große Wirkung

Bereicherung der Situation

Natürlich kennen Sie all die kleinen Zauberwörter, die meist spontan die Aufmerksamkeit Ihres Gesprächspartners deutlich erhöhen, Ihre Sprache sehr viel aufregender, lebendiger und eindringlicher klingen lassen – und nebenbei noch eine ganz besonders wichtige Aufgabe erfüllen: Emotionen auszulösen!

> ***Magic Words* sind all die wertvollen Adjektive und Adverbien, die unsere Sprache so herrlich bereichern. Es sind, neben den hochwirksamen Ausdrucksmitteln, auf die wir später noch im Detail zu sprechen kommen, die mächtigsten Zauberwörter, um mit Worten geballte Emotion zu übertragen.**

Jeder von uns verwendet *Magic Words* – denken Sie jetzt bitte daran, wie Sie von Ihrem letzten aufregenden Urlaub oder besonders vertrauten Personen oder sogar von einem prickelnden Flirt erzählt haben. Da sind sie plötzlich, diese magischen Worte, ganz spontan, ohne Vorbereitung. Was bedeutet das, warum verwenden wir *Magic Words* automatisch, wenn wir emotional berührt sind, warum kaum, wenn es um die normalen, sachlichen Alltagsgespräche geht? Ganz einfach, denken Sie an Ihr Glücksquadrat: Denken – fühlen – erleben – verhalten!

Sprache ist Verhalten, die Art und Weise, wie wir sprechen, besonders. Emotional gestimmt, greifen wir auf völlig andere Ressourcen unseres Wortschatzes zurück, im »Normalzustand« überwiegt das rational geprägte Vokabular. Leider, denn gerade dann würden allen *Magic Words* so guttun, unsere Argumente verstärken, und uns wie dem Gegenüber gute Gefühle schenken. Bereichern Sie Ihre Sprache durch *Magic Words* – betont ausgesprochen, verzaubern Sie Menschen mit mehr Emotionen.

Magic Words – Zauberworte, die begeistern

Alltagskommunikation	**Businesskommunikation**
Anziehend	Bedarfsorientiert
Aufregend	Bewährt
Attraktiv	Chance
Begeisternd	Effektiv
Bunt	Einfach
Einfach	Einzigartig
Exklusiv	Erprobt
Fantastisch	Ertragssteigernd
Gipfel	Flexibel
Glanzvoll	Gewinn bringend
Hell	Hochwertig
Herrlich	Hochwirksam
Horizont	Innovativ
Klar	Konkurrenzlos
Kostbar	Kosten senkend / sparend
Lebendig	Kundenorientiert
Leicht	Leistungssteigernd
Lustvoll	Lösungsorientiert
Mächtig	Neu
Magisch	Nutzbringend
Paradiesisch	Potenzial
Schillernd	Profitabel
Spannend	Prosperierend
Strahlend	Revolutionär
Traumhaft	Sicher
Wertvoll	Synergie
Wohltuend	USP
Wunderbar	Vorteilhaft
Zart	Zeitsparend
Zauberhaft	Zukunftssicher

Das Dream-Team: Nutzensprache und Magic Words

»Sie sparen wertvolle Zeit und erzielen traumhafte Renditen.«

Haben Sie es erkannt? Nutzensprache bildet zusammen mit *Magic Words* ein hochwirksames, beinahe unschlagbares »Team«.

- *Nutzensprache spart Zeit und Energie:* Denn Sie formulieren so, wie der andere denkt. Ihr Gegenüber versteht sofort, worum es geht, Sie ersparen allen sehr viel Zeit.
- *Nutzensprache zeigt die konkreten Vorteile:* Schluss mit dem Versteckspiel: Nutzensprache kommt schnell auf den Punkt, macht sofort deutlich, welchen konkreten Nutzen und welche persönlichen Vorteile Sie dem anderen bieten.
- *Nutzensprache und Magic Words – einfach unwiderstehlich:* Stellen Sie sich vor, Sie bieten knackige Vorteile statt vieler Worte und Umschreibungen – emotional und leidenschaftlich verpackt. Wie schnell werden Menschen da wohl anbeißen?

»Und was habe ich davon?« Machen Sie anderen klar, welchen Nutzen und persönlichen Vorteil sie von Ihrem Angebot haben.

Produktmerkmal	**Nutzen-Bild**
Airbag für alle Sitze	*»Wenn's mal krachen sollte, ist Ihre gesamte Familie sicher.«*
Class D Digital-Verstärker	*»Die Musik klingt so, als ob Sie neben dem Dirigenten stünden.«*
4 Gigabyte Arbeitsspeicher	*»Damit läuft auch das größte Computerspiel ohne Ruckeln.«*
Gore-Tex-Membran	*»So bleiben Sie immer trocken, auch beim stärksten Unwetter.«*

Emotionen umdeuten: Aus negativ wird positiv

Wirksame Umdeutungen für die tägliche Praxis	
Aber	⇨ Und
Alt	⇨ Bewährt, sicher
Angst	⇨ Erwartung
Das kostet	⇨ Das bringt / hat den Nutzen
Erst	⇨ Schon / bereits
Fehler machen	⇨ Dazulernen
Hoher Preis	⇨ Qualität, Exklusivität
Immer weg	⇨ Sehr gefragt, viele Aufträge
Knapp	⇨ Ausreichend
Kompliziert	⇨ Komplex
Kosten	⇨ Investitionen
Krankheit	⇨ Zeit, Ruhe, Erholung
Merkwürdig	⇨ Besonders
Nein!	⇨ So nicht / jetzt nicht!
Nie gehört	⇨ Neu, aktuell
Nur	⇨ Schon, immerhin
Problem	⇨ Gelegenheit, Chance
Schwierig	⇨ Anspruchsvoll

7. Stufe III: Der PowerSprache-Champion

Das Glücksquadrat für Champions: Mehr als gute Gefühle

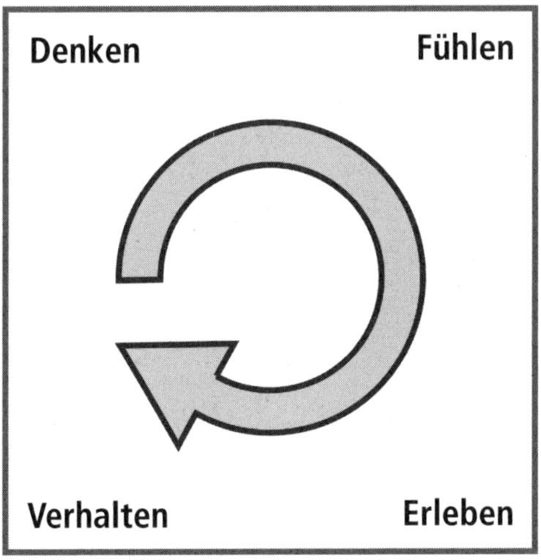

Das Glücksquadrat

Bislang haben Sie die tolle Wirkung Ihres Glücksquadrats vor allem dazu genutzt, um bewusst Ihren guten Gefühlen auf die Schliche zu kommen, diese zu erzeugen und zu verstärken. Wir haben erkannt und Sie mittlerweile bestimmt auch schon praktisch erlebt, wie schnell und leicht wir diese Emotionen auf unsere Gesprächspartner übertragen können, wenn wir zuvor für Glaubwürdigkeit, Sympathie und Vertrauen gesorgt haben – so, wie es ja im Erfolgskreislauf ausführlich beschrieben wird.

Jetzt gehen wir den nächsten spannenden Schritt: Sie üben, unterschiedliche emotionale Zustände einzunehmen, konkrete Gefühle wie z. B. Neugier auf den Gesprächspartner oder Verbindlichkeit, wann immer Sie diese besonders brauchen. Es geht um die emotionalen Einstellungen, die wir alle in unserem beruflichen und privaten Alltag immer wieder benötigen.

Unser Ziel:

- verschiedene Gefühle erzeugen
- diese Gefühle nutzen und auf andere übertragen

Wie groß ist jetzt Ihre Lust darauf? Legen wir los! Alles funktioniert genauso wie bisher – die grundlegende Idee und Wirkungsweise des Glücksquadrats bleibt immer gleich. Bislang haben Sie besonders positive emotionale Momente Ihrer Gegenwart bzw. Vergangenheit dazu genutzt, um diese wertvollen Gefühle zu reaktivieren, erneut ganz deutlich in sich zu spüren und für Ihr Verhalten in der Gegenwart zu nutzen.

Erfolgsentscheidende Emotionen

Was Sie jetzt brauchen, sind konkrete emotionale Zustände wie

- Neugier
- Freude
- Verbindlichkeit
- Entschlossenheit usw.

Allesamt Emotionen, die ohnehin unseren Gesamterfolg im Alltag entscheiden. Oft bestimmen sie sogar unser Schicksal, spätestens dann, wenn wir im entscheidenden Moment nicht in der Lage sind, solche Gefühle zu unserem Wohle erzeugen zu können. Es ist kurios: Von allein stellen sich bei Menschen oft leider genau die gegensätzlichen Zustände ein wie Langeweile, Unsicherheit,

Zögerlichkeit usw. Oder sie erleben all die positiven Emotionen fast ausschließlich, indem sie auf äußere Reize der Umgebung, anderer Menschen oder ganz bestimmter Anlässe reagieren. Es ist wie beim Lachen: Die einen machen Witze und haben Spaß, wenn sie selbst Lust darauf haben, die anderen lachen nur dann, wenn einer einen Grund dafür liefert.

Gefühle sind wie ein Muskel – sie wollen trainiert werden! Je mehr Sie dies tun, desto schneller bzw. leichter können Sie darauf zugreifen, sie selbst erzeugen.

Intensiv geübt, stellen sich diese tollen Emotionen dann oft sogar von ganz allein ein. Genauso, wie Sie mittlerweile wahrscheinlich in der Lage sind, mit einem kleinen »Fingerschnipp« gute Gefühle zu erzeugen, so ist es auch mit den genannten wichtigen emotionalen Zuständen: Sie werden diese Emotionen genau kennenlernen, üben, mit ihnen umzugehen, sie selbst zu erzeugen und mit großer Leichtigkeit zwischen ihnen hin- und herwechseln zu können, und zwar lange bevor Sie diese brauchen! Übung ist Pflicht, in der Praxis wollen wir überzeugen, hier laufen wir die Kür.

Fit für den Augenblick: Die richtige Emotion zählt!

Übung

Zunächst wählen Sie bitte mindestens drei konkrete emotionale Zustände, für die Sie sich jetzt besonders interessieren und von denen Sie annehmen, dass sie Ihnen sehr nützlich sein werden.

Ihre Auswahl:

Zustand 1 ....

Zustand 2 ....

Zustand 3 ....

Nun bitte ich Sie, für diese drei Zustände *der Reihe nach* die Ihnen bereits bekannten folgenden Schritte 1 bis 3 durchzuführen:

1. Drei konkrete Situationen wählen: Überlegen Sie sich drei konkrete, angenehme Situationen, in denen Sie diese Emotion deutlich gezeigt und empfunden haben. Bitte notieren Sie Ihre

   Situation A: ....

   Situation B: ....

   Situation C: ....

2. Gewählte Situationen testen: Erleben Sie jede der drei gewählten Situationen noch einmal ganz intensiv. Sehen Sie, was es zu sehen, hören Sie, was es zu hören, und empfinden Sie, was es an intensiven Gefühlen zu empfinden gab. Denken Sie bitte daran, zwischen dem Testen der einzelnen Situationen wieder einen Separator einzubauen, z. B. den Blick auf die Uhr.

   Halten Sie zu jeder Situation die Intensität Ihrer Gefühle fest:

   Situation A: ....

   Situation B: ....

   Situation C: ....

3. Die stärkste Situation festhalten: Welche dieser drei Situationen bewirkt in Ihnen am stärksten das hier gewünschte Gefühl?

   ....

   Nochmals, da ganz wichtig: So machen Sie es bitte für jeden Ihrer zu Beginn gewählten, emotionalen Zustände. Notieren Sie danach Ihre jeweilige Schlüsselsituation für jeden Zustand:

   Zustand 1 ....

Zustand 2 ....

Zustand 3 ....

Prima, jetzt Sie sind schon richtig weit gekommen! Nun geht es darum, den schnellen Zugriff auf diese wichtigen emotionalen Zustände einzuüben und sie erfolgreich zu nutzen.

Dazu machen Sie ab jetzt bitte genau Folgendes:

1. **Schüsselsituationen verstärken**

   Denken Sie eine Woche lang, am besten dreimal täglich, an diese Situationen und fühlen Sie die tollen Emotionen. Von Mal zu Mal kann es leichter, schneller, intensiver sein.

2. **Emotionale Zustände wechseln**

   Jetzt geht es darum, dass Sie zwischen den einzelnen Situationen und damit Zuständen bewusst hin- und herwechseln. Am besten wieder eine Woche lang und dreimal täglich.

3. **Emotionale Zustände praktisch nutzen**

   Jetzt kommt die erfolgreiche Kür in der Praxis! Sie nutzen die gewünschten Emotionen bitte zunehmend und ganz bewusst, wenn es zur Situation oder zu Ihrer Aufgabe passt. Treffen Sie z. B. gerade auf viele neue Menschen, dann erzeugen Sie bitte in sich und den anderen einfach jede Menge an guten Gefühlen – geht es um Verhandlungen, dann nutzen Sie dort bitte gezielt Ihren »Schlüssel« für Verbindlichkeit.

Gute Gefühle wollen und können aktiv trainiert werden! Eines werden Sie dabei schnell feststellen: Bereits nach kurzer Zeit sind Sie mit Ihren »Schlüsseln« zu mehr Freude, Neugier, Verbindlichkeit usw. bestens vertraut. Sie werden zwischen diesen Zuständen wechseln, so wie Sie es gerade brauchen, diese Gefühle in entscheidenden Alltagssituationen erfolgreich anwenden und: Ihr Verhalten auf andere Menschen übertragen!

Der Erfolgskreislauf II: Nahrung für echte Champions

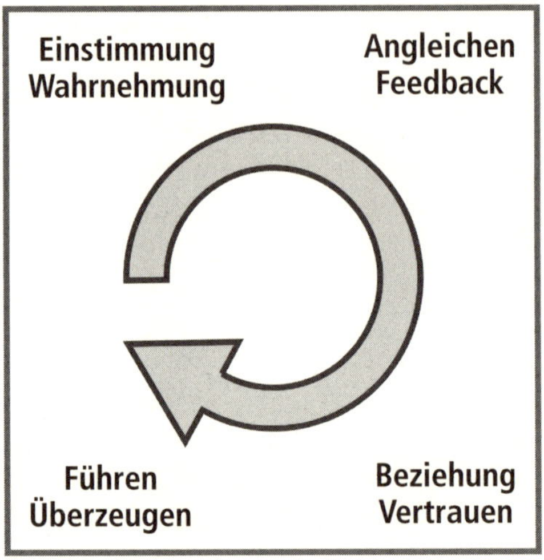

Der Erfolgskreislauf

Über die grundlegenden Zusammenhänge und die besondere, faszinierende Wirkung des Erfolgskreislaufs haben wir bereits gesprochen. Jetzt ist es an der Zeit, uns diese so wertvollen Abläufe noch genauer vor Augen zu führen, uns weiter dafür zu sensibilisieren und uns noch tiefer in die Magie der zwischenmenschlichen Überzeugungskraft zu begeben. Stellen Sie sich einfach vor, Sie besuchen einen neuen Kunden:

Einstimmung

Das Fundament des Erfolgskreises ruht auf zwei massiven Säulen: Am Anfang steht Ihre positive innere Einstellung bzw. *Einstimmung* – eben die guten Gefühle wie Freude, Neugier auf den Menschen und Lust auf die Situation bzw. die Aufgabe, alles unmittelbare Folgen Ihres hoffentlich spätestens dann aktivierten Glücksquadrates und alles vermeintliche Kleinigkeiten bzw. Selbstverständlichkeiten, die fast jeder redet, die aber fast keiner beachtet. Um es hier nochmals in aller Deutlichkeit zu sagen: Hat Ihre Einstimmung auf die Situation Defizite, stimmt Ihre Einstellung zu sich, Ihrem Beruf, dem Kunden bzw. dem Gespräch einfach nicht oder ist sie nicht positiv genug, dann haben Sie schon im Vorfeld beinahe verloren – oder, die häufigste Variante, Sie erzielen damit eben meist nur Durchschnittsergebnisse, von eher zufälligen, nicht reproduzierbaren Glückstreffern einmal abgesehen.

Achten Sie bitte auf Ihre jeweilige Einstellung, denn diese entscheidet über alles Weitere. Machen Sie es sich vor jeder Situation bzw. jedem Gespräch zum lustvollen Ritual, diese immer wieder aktiv und positiv emotional zu beeinflussen.

Wahrnehmung

Bis jetzt waren Sie mit sich alleine, konnten sich voll und ganz auf Ihre persönliche Einstimmung konzentrieren. Spätestens sobald Sie das Büro des Kunden betreten, geht es um etwas völlig anderes – nämlich ausschließlich um die Situation, Ihren Gesprächspartner und das bevorstehende Gespräch. Jetzt brauchen Sie Ihre volle Aufmerksamkeit nach außen. Feine, präzise und sehr gezielte *Wahrnehmung* ist von nun an das A und O. Gemeint ist das möglichst präzise Erfassen all dessen, was sich in einer Gesamtsituation abspielt – sowohl auf den Haupt- als auch auf den vermeintlichen Nebenschauplätzen.

Und damit meine ich sehr viel mehr, als sich nur die Räumlichkeiten und Gesprächspartner anzusehen. Was hier wirklich zählt, ist die Gesamtsituation mit voller Aufmerksamkeit, mit klarem Kopf und möglichst allen Sinnen zu erfassen. Übrigens, eine wichtige Faustformel: Je weniger Sie dabei reden, desto mehr können Sie um sich herum beachten und wahrnehmen.

Machen Sie in dieser entscheidenden Phase bitte Schluss mit viel Gerede oder sogar störenden Nebengedanken, öffnen Sie Augen und Ohren, schalten Sie die eigenen Instinkte ein und lenken Sie die volle Konzentration auf die Menschen, deren Mimik, Gestik, Sprache, Körpersprache und, besonders wichtig, auf Stimmungen. Auch die sonstigen Parameter, wie Einrichtung, Fotos, Kleidung usw., sagen meist sehr viel über den Menschen aus – gerade dann, wenn Sie sich z. B. in seinem Büro befinden. Stoßen Sie dagegen in einem eher anonymen Konferenzraum aufeinander, dann achten Sie bitte besonders darauf, wie Ihr Gesprächspartner den Raum betritt, Platz nimmt und spricht: Welchen Eindruck macht er auf Sie? Wirkt er eher ruhig und interessiert oder unruhig und gestresst? Was auch immer Sie alles wahrnehmen – entscheidend ist, dass Sie diese wertvollen Informationen erfassen und entsprechend darauf reagieren.

Angleichen Damit kommen wir zum wichtigen *Angleichen* – konkret geht es im Gespräch jetzt darum, Gemeinsamkeiten zwischen uns und unserem Gesprächspartner zu schaffen. Mit dem Ziel, in kürzester Zeit eine starke emotionale Beziehung aufzubauen, Sympathie und Vertrauen herzustellen. Und Sie wissen ja: Gleich und Gleich gesellt sich gern.

Denken Sie gerade: »Und Gegensätze ziehen sich an«? Dazu später mehr. Wie nun schaffen Sie diese wertvollen Gemeinsamkeiten, fördern Sie den so wichtigen, vertrauensbildenden Angleichungsprozess? Nun, wenn Sie Ihr Gegenüber genau wahrgenommen haben, dann wissen Sie meist auch, wo bzw. wie Sie sich ihm am besten ein klein wenig angleichen können. Denn darum geht es: Nicht nachäffen, sondern ein klein wenig annähern!

Angleichen können Sie sich z. B. über

- die Stimmung
- ein Thema (der gute Smalltalk)
- die Körpersprache
- die Sprache
- das Niveau
- die Sprechweise
- öffnende Fragen

Entscheidend für das einfache und erfolgreiche Angleichen ist dabei zweierlei:

1. Durch genaues Beobachten, gerade zu Beginn einer (Gesprächs-)Situation, möglichst schnell diverse »Angleichungspunkte« zu erfassen.

2. Sich dann am besten dort bzw. in dem bestimmten Verhalten anzugleichen, wo es Ihnen persönlich besonders leichtfällt. Und dies ist bei jedem von uns völlig verschieden.

Während manche Menschen wahre Meister darin sind, spontan Stimmungen anderer zu erfassen und darauf einzugehen, liegt dies anderen überhaupt nicht. Für die meisten Menschen ist es deutlich einfacher, sich zum Beispiel über ein Thema oder auch bestimmte Fragen anzugleichen – Sie kennen dies vielleicht als Smalltalk. Dieser ist natürlich erlaubt und zeigt oft auch eine gute Wirkung als Aufwärmer und Sympathiebringer, jedoch nur dann, wenn Sie sich bitte vom üblichen »Niveau« des allzu oft leider standardisierten, einfallslosen Smalltalks lösen, der sich leicht als solcher zu erkennen gibt und sich auf das Wetter, die Anreise und ähnliche Oberflächlichkeiten begrenzt.

Der erste Eindruck

Denn dann greift schnell Langeweile um sich, Ihr Gegenüber hat spontan das Gefühl, von diesem Gespräch kaum etwas Interessantes oder für ihn sogar Gewinnbringendes erwarten zu dürfen, seine wichtige Aufmerksamkeit geht dann nach kürzester Zeit verloren, der erste Eindruck ist vermasselt. Und wir haben ja bereits ausführlich darüber gesprochen, dass der erste Eindruck weit mehr ist als irgendein Ersteindruck: Es ist eine echte Eintrittskarte, hier werden wichtige Entscheidungen über den weiteren Verlauf der Gesprächssituation getroffen. In nur wenigen Sekunden entscheiden Sie durch Ihre erste, spontane Wirkung auf den Gesprächspartner meist bereits dauerhaft über seine Erwartungshaltung, seine Aufmerksamkeit und wie leicht bzw. schwer dieses Gespräch für Sie wird. Denn gelingt es Ihnen, den anderen emotional zu erreichen, anzusprechen und zu überzeugen, dann kommen Sie bei ihm eben in die Schublade »interessant, sympathisch, positiv« usw., und er wird sich Ihnen gegenüber zumindest sehr wohlwollend verhalten.

Vermasseln Sie Ihren ersten Eindruck hingegen, dann kommen Sie bei ihm in die negative bzw. nichtssagende Schublade, wobei Letzteres ganz besonders gefährlich bzw. schädlich für Ihre Zielsetzungen ist. Denn damit sind Sie für Ihr Gegenüber austauschbar und beliebig, er wird Ihnen vielleicht aus reiner Höflichkeit zuhören. Emotional angesprochen fühlt er sich von Ihnen aber nicht. Und darum werden Sie bei ihm dann auch kaum wirklich punkten, die Sympathie und damit das Vertrauen fehlt einfach. Dann wird jedes Wort auf die Goldwaage gelegt, und es geht nur noch um die Sache. Ihre einzige Chance bleibt es, mit Rabatten, Geschenken, Entgegenkommen usw. zu glänzen.

Themen vor Ort aufgreifen

Darum: Seien Sie bitte gerade zu Beginn einer jeden Situation hellwach, besonders sensitiv, flexibel und einfallsreich! Machen Sie, wenn überhaupt, richtig guten Smalltalk. Reden Sie über Themen, die Sie aufgrund Ihrer starken Wahrnehmung direkt vor Ort aufgegriffen haben: Alles, was Ihnen dort auffällt und Sie wirklich interessiert bzw. wozu Sie tatsächlich etwas zu sagen haben, darüber dürfen Sie auch reden. Empfinden Sie z. B. die Kleidung Ihres Gesprächspartners als besonders und achten selbst gerne darauf, dann dürfen Sie dies natürlich auch zum Thema machen. Gefällt Ihnen der Einrichtungsstil und sind Sie auf diesem Gebiet bewandert, dann sprechen Sie dies an. Sehen Sie im Büro einen Golfschläger oder ein Segelbootmodell und sind Sie selbst in diesen Hobbys bewandert, dann finden Sie hier den wohl idealen Einstieg. Alles, was Sie selbst tatsächlich interessiert, was Sie begeistert, neugierig macht oder Sie für Ihr Gegenüber einfach von Herzen für wichtig halten, dürfen Sie zum guten Smalltalk erheben – denn dann kommt es auch stets individuell, echt und glaubwürdig herüber. Doch nochmals und ausdrücklich warne ich hier vor geheucheltem, nur aus rein geschäftlichen Absichten vorgespieltem Interesse: Das geht fast immer nach hinten los – denn einmal in diesem Punkt vom anderen entlarvt, bekommen Sie dort meist keinen Fuß mehr auf den Boden. Unterschätzen Sie bitte auf gar keinen Fall das Gespür und Feingefühl anderer Menschen – für Lügen und mangelnde Glaubwürdigkeit haben die meisten von uns einen äußerst guten Riecher.

Ein starker erster Eindruck, z. B. durch richtig guten Smalltalk, ist wie eine Pole-Position: Was Sie hier an Sympathie und Vertrauen aufbauen, das trägt Sie selbst wie ein

positiver, mächtiger Rückenwind von einem Erfolgserlebnis zum nächsten durch Ihr Gespräch. Ihr Gegenüber hat eine hohe Erwartungshaltung, fühlt sich in Ihrer Gegenwart spontan wohl (weil Sie gute Gefühle vermitteln!), und schenkt Ihnen seine volle Aufmerksamkeit, seine Gunst und sein Vertrauen.

Beziehung aufbauen

Alles zusammen ist der wohl wertvollste und vielversprechendste Boden für Ihre Ziele. Denn Sie sind auf dem besten Weg, zu Ihrem Gegenüber das Wichtigste überhaupt aufzubauen: eine zwischenmenschliche emotionale *Beziehung*! Jetzt sind Sie schon fast am Ziel. Denn sobald es Ihnen gelungen ist, zum anderen eine deutlich erkennbare, stabile Beziehung aufzubauen, hat er Sie auch emotional, das heißt als Mensch »gekauft«. Es besteht eine »Wellenlänge«, der andere vertraut Ihnen, ist offen für Sie, Ihre Wünsche und Anliegen. Entscheidend ist, dass dies von ihm auszugehen hat – Ihr aktiver Part besteht allein darin, dies zu fördern und gezielt darauf hinzuarbeiten. Das Ja dazu liegt jedoch in der Hand des anderen!

Achten Sie daher bitte sehr genau darauf, wie sich Ihr Gegenüber in dieser Phase verhält – denn sein Verhalten und Ihr Gefühl zeigt Ihnen, ab wann wirklich eine Beziehung zwischen Ihnen und dem anderen besteht. Wie nun können Sie sicher sein, dass Sie dies erreicht haben, wie bemerken Sie überhaupt, dass es so weit ist? Ganz einfach: Sobald Ihr Gesprächspartner tatsächlich bereit dazu ist, eine Beziehung zuzulassen, signalisiert er Ihnen dies, wenn auch mehr oder weniger deutlich, durch seine Kaufsignale:

Eindeutige Kaufsignale:

- Offene Zustimmung
- Interessierte Fragen
- Konkretisierendes Nachfragen
- Aussagen / Fragen, die in die Zukunft projiziert sind
- Formulierung eigener Anwendungen / Beispiele
- Fester Blickkontakt

- Begeisterung in seiner Sprache
- Eine offene, Ihnen zugerichtete Körpersprache
- Verstärkte Gestik und Mimik, Lächeln usw.

Dann gibt es die weniger leicht erkennbaren, nicht so deutlich ausgeprägten Signale, die Sie sehr häufig im Alltag antreffen. Denn nicht jeder Mensch ist extrovertiert ausgerichtet, viele von uns sind es einfach nicht (mehr) gewöhnt, ihre wahren Gefühle anderen spontan und unverblümt zu zeigen. Sie tun dies dann über kaum wahrnehmbares Kopfnicken, eine nur leicht veränderte Körpersprache oder eben auch oberflächliche Scheineinwände! Bei manchen Zeitgenossen ist es sogar schon die allerhöchste Form der Zustimmung, wenn sie nicht mehr gegen Ihr Anliegen argumentieren.

Es gibt viele solcher »Kaufsignale«, diese sind zum Teil höchst individuell ausgeprägt. Eines findet in diesem für Sie wichtigen Moment allerdings immer statt: ein klarer Stimmungswechsel! Ein zustimmender, begeisterter, innerlich Ja sagender bzw. denkender Mensch zeigt andere Gefühle als einer, der hin- und herüberlegt, abwägt und kritisch hinterfragt.

Diese und die anderen Kaufsignale Ihrer Gesprächspartner werden Sie allerdings nur dann wahrnehmen, wenn Sie in diesem Moment äußerst aufmerksam sind, zu diesem wichtigen Zeitpunkt noch immer voll und ganz auf den anderen konzentriert und nicht durch eigene Gedanken beschäftigt oder sogar abgelenkt sind. Denken Sie daran: Im Gespräch bitte klare hundert Prozent Aufmerksamkeit für und Konzentration auf den anderen.

Führen

Denn haben Sie die Kaufsignale des Gegenübers erst einmal bemerkt, aufgegriffen und positiv verstärkt, dann sind Sie jetzt am wahren Ziel: Sie dürfen, je nach Anlass des Gesprächs, den anderen in eine gewünschte Richtung *führen*, ihn *motivieren*, konstruktiv kritisieren ... oder ihm natürlich etwas *verkaufen*.

Jetzt und wirklich erst jetzt ist der andere bereit dazu – wird Ihnen ohne größere Widerstände folgen. Allerdings auch dann nur, wenn Sie sich dabei selbst äußerst kongruent verhalten – das bedeutet, eine möglichst große Übereinstimmung zwischen Ihren Worten und Taten zu zeigen, dem, was Sie sagen, und dem, was Sie selbst eben genau in diesem Augenblick tun. »*Go first*« ist hier die Zauberformel, das heißt, alles, was Sie von anderen wollen oder gerne in ihnen bewirken wollen, sollten Sie selbst deutlich sichtbar, spürbar und leidenschaftlich vorleben.

Basis des Erfolgskreislaufs

Der Erfolgskreislauf wirkt – immer und immer wieder, stets auf der Basis von Sympathie, Glaubwürdigkeit, Toleranz und tiefer gegenseitiger Wertschätzung. Einfach durch die richtige innere Einstellung, durch positive Neugier auf andere Menschen bzw. neue Situationen, große Lust auf sehr genaue Wahrnehmung und, ganz besonders, durch die emotionale Kompetenz, gerade am Anfang einer jeden Situation, und wenn immer notwendig aufs Neue, stets zuerst in die Welt des anderen einzutauchen, ihn wirklich zu verstehen, es ihm aktiv zu zeigen und ihn wirklich erst dann, seine stärksten inneren Motive nutzend und seine Kaufsignale abwartend, auf die Reise an das von Ihnen gewünschte Ziel mitzunehmen. Durch aktiv bewirkte Gemeinsamkeiten und Übereinstimmung sowie Führung auf der Basis einer starken emotionalen Beziehung.

Je mehr Zeit Sie sich gerade am Anfang nehmen, je mehr Lust Sie entwickeln, die aktuelle Stimmung, die Situation und die Menschen genau wahrzunehmen und die Welt Ihres Gesprächspartners kennenzulernen, desto schneller funktionieren die anschließenden Schritte wie Sympathie-, Vertrauens- und Beziehungsaufbau – ganz zu schweigen von den viel leichteren, nachhaltigeren Überzeugungsprozessen.

Unter dem Strich sparen Sie so viel Zeit: Ihr knappstes Gut!

PowerSprache III: Geheime Botschaften entschlüsseln

Versteckten Emotionen auf die Schliche kommen

Indizien Unser größtes Ziel ist es, in anderen Menschen die richtigen Emotionen zu wecken bzw. zu fördern, um gezielt Sympathie und Vertrauen aufzubauen – die Grundlage für jeden erfolgreichen Überzeugungsprozess. Dazu müssen wir ganz genau wissen, was sie uns mit ihren Worten wirklich sagen wollen, was hinter ihren Absichten, Zielen und Einschränkungen steckt. Menschen liefern über ihre Sprache deutliche Indizien dafür, was in ihnen vorgeht. Solange wir dies nicht erkennen, tappen wir auch emotional im Dunkeln – selbst unsere besten Gefühle verpuffen wirkungslos, weil wir den anderen nicht erreichen.

Sie können dies verhindern, indem Sie hinterfragen:

- *Unspezifische Verben* beschreiben Handlungen, die Sie missverstehen und völlig anders interpretieren können als derjenige, der sie verwendet. Wenn sich z. B. jemand gegen etwas »wehrt«, wissen Sie noch lange nicht, was und wie er dies getan hat.
- *Unspezifische Substantive* sind ebenfalls sehr uneindeutig und abstrakt. Auch sie lassen viele Interpretationen zu: Was ist für Sie z. B. Glück, Erfolg, Liebe, Stress, Selbstverwirklichung?
- *Verallgemeinerungen* sind Grenzen. Einzelne (negative) Erfahrungen sorgen für eine eingeschränkte Sicht der Zukunft. Die Einstellung »Das kann ich *nie*« sorgt dafür, dass es so bleibt.
- *Regeln* sind Beschränkungen, die uns am Handeln hindern. »Ich kann nicht« heißt leider oft, dass nichts mehr probiert wird.
- *Vergleiche* sind die Grundlage menschlicher Entscheidungen. Die Frage ist nur, womit verglichen wird. Hinkt der Vergleich, dann machen wir uns oder anderen das Leben unnötig schwer.

Informationen, Absichten, Grenzen hinterfragen

1. Unspezifische Verben

Ungeklärte unspezifische Verben führen uns leicht in die Irre:

»Ich habe mich dagegen gewehrt, *mich* bedrängen *zu lassen.«*

Was entnehmen Sie diesem Satz? Sie wissen nur, dass es wohl keine angenehme Situation war. Doch was heißt es, sich zu »wehren« oder »bedrängt« zu werden? Ging es hier allein um Worte oder um Taten? Genau dies gilt es herauszufinden. Fragen Sie:

- *»Wie genau war das?«*
- *»Was genau meinen Sie mit ›gewehrt‹?«*
- *»Was heißt für Sie ›bedrängen‹?«*

2. Unspezifische Substantive

Menschen verbergen ihre (geheimen) Wünsche, Absichten und Ziele oft hinter unspezifischen Überbegriffen. Wichtig für Sie: Geschieht dies aus reiner Bequemlichkeit oder mit Absicht?

Ihr Kunde sagt: *»Sie haben leider nicht das Optimum erreicht«.*

Natürlich erkennen Sie, dass Sie für Ihren Kunden gerade nicht die Nr. 1 sind. Sie wissen allerdings noch nicht, warum er dies äußert und was Sie unternehmen können, um dies zu ändern. Fragen Sie:

- *»Wie meinen Sie das?«*
- *»Was genau meinen Sie mit ›Optimum‹?«*
- *»Was heißt für Sie ›Optimum‹?«*

3. Regeln

Unsere Sprache ist voll von Zwängen, Pflichten und Regeln. Wörter wie »müssen«, »sollen«, »nicht können« usw. bringen überdeutlich zum Ausdruck, dass wir etwas nicht gerne bzw. nicht freiwillig tun oder es uns einfach nicht zutrauen. Man glaubt, in dieser Angelegenheit keine Wahl zu haben, es niemals ändern zu können – oder folgt Gewohnheiten.

Ihr Gegenüber sagt: *»Ich* muss *noch einmal darüber schlafen«.*

Irgendetwas hält ihn davon ab, sich sofort zu entscheiden. Für Sie gilt es herauszufinden, woran dies liegt. Sind es sachliche Gründe? Oder nur Gewohnheit, der Glaube, es sei besser so? Fragen Sie:

- *»Was würde geschehen, wenn Sie sich jetzt entscheiden?«*
- *»Was genau hält Sie davon ab, sich jetzt gleich zu entscheiden?«*
- *»Können Sie sich an eine andere Situation erinnern, in der Sie sich sofort entschieden haben?«*
- *»Was können wir tun, damit Sie sich jetzt entscheiden?«*

4. Verallgemeinerungen

Es ist schon erstaunlich, wie sehr Menschen zu schnellen Verallgemeinerungen neigen, die sich in Wörtern wie »nie«, »immer«, »alle«, »jede«, »keiner« usw. ausdrücken. Aus einer oft sogar einmaligen Erfahrung werden Konsequenzen für alle ähnlichen Situationen in der Zukunft gezogen. Dies führt zu starken Einschränkungen im Erleben, in der Wahrnehmung und im gesamten Verhalten.

Ihr Gesprächspartner sagt zu Ihnen: *»Das werde ich* nie *schaffen«.*

Fragen Sie:

- *»Was hält Sie davon ab, es zu versuchen?«*
- *»Ist es nie möglich, dass Sie es schaffen?«*
- *»Wirklich nie?«*

5. Vergleiche

Vergleiche, die sich in Wörtern wie »besser«, »schneller«, »leichter«, »teurer« usw. ausdrücken, sind menschlich. Sie werden für uns allerdings dann gefährlich, wenn wir Äpfel mit Birnen oder uns selbst mit Menschen vergleichen, deren Status für uns kaum erreichbar ist. Solche Vergleiche sind demotivierend.

Ihr Partner sagt: *»Also der nächste Urlaub muss* besser *werden.«*

Welche Informationen liefert Ihnen diese Aussage? Nur die, dass es irgendwie um den letzten und den nächsten Urlaub geht. Was

Ihrem Partner nicht gefiel; was genau besser werden soll und wie Sie dazu beitragen können, wissen Sie noch nicht. Fragen Sie:

- *»Was meinst du mit ›besser werden‹?«*
- *»Was genau muss besser werden?«*

»Besser« ist hier das alles entscheidende und sehr genau zu hinterfragende Schlüsselwort. Indem Sie dies tun, erhalten Sie die fehlenden Informationen.

> **Unspezifische Verben und Substantive geben uns lösbare Rätsel auf. Besondere Vorsicht ist geboten bei Regeln, Verallgemeinerungen und Vergleichen – diese, unbeachtet und nicht positiv aufgelöst, können all Ihre emotionalen Absichten schnell zunichte machen. Es sei denn, Sie hinterfragen und präzisieren die wichtigen fehlenden Informationen.**

So erkennen Sie, was Ihr Gegenüber gerade erlebt

Jetzt geht es um ein wahrhaft mächtiges, außergewöhnliches Ausnahmethema, das Menschen absolut fasziniert. Das weiß ich aus den intensiven Reaktionen meiner Seminarteilnehmer: die Gedanken anderer sehen und hören zu können!

Auch wenn das komplette Training dieser tollen Fertigkeiten den Rahmen dieses Buches sprengen würde, kann ich einfach nicht davon lassen, Ihnen hier jetzt mindestens die wichtigsten Ideen dazu mit auf Ihren Weg zu geben. Verbunden mit meiner Empfehlung, dazu spezielle Bücher (nicht von mir!) oder, am besten, geeignete Seminare zu besuchen. Tipps dazu erhalten Sie gerne von mir; schreiben Sie einfach an *iv@ingovogel.de.*

Sinneslastigkeit

Menschen erleben alles über ihre fünf Sinnessysteme: Sehen, Hören, Fühlen, Riechen und Schmecken. Der Unterschied liegt lediglich darin, dass jeder von uns eine gewisse Sinneslastigkeit hat, das heißt einen oder zwei Sinneskanäle bevorzugt.

Ist der Mensch besonders

- visuell, dann erlebt er die Welt in bunten Bildern,
- auditiv, dann beachtet er Stimmen, Klänge und Geräusche,
- kinästhetisch, dann fühlt er, will alles anfassen und begreifen.

Visuelle, Auditive und Kinästheten

Denken Sie beispielsweise an Ihren letzten Urlaub: Wie erinnern Sie sich daran? Sind es Bilder oder Stimmen und Geräusche, die Ihnen durch den Kopf gehen – oder eher Gefühle, die Sie im Herzen und in der Magengegend spüren? Die Antwort wird bei mehreren Befragten unterschiedlich ausfallen: Die Visuellen sehen den weißen Strand, das blaue Wasser und die Palmen. Die Auditiven hören eher das Rauschen des Meeres, den Wind, der durch die Palmen streicht, und die tolle Partymusik. Die Kinästheten schließlich erinnern sich lieber an das warme Meerwasser, den weichen, feinkörnigen Sandstrand und an die tolle Stimmung beim allabendlichen Lagerfeuer.

Die Bevorzugung eines Sinnessystems ist durch das Elternhaus, die Ausbildung, den Beruf und die Hobbys geprägt. Sie kann sich im Leben, eben zum Beispiel durch einen neuen Beruf, stark verschieben. Wir erleben/erinnern Emotionen in »unserem« jeweiligen Sinneskanal.

Gleich ein ganz praktisches Beispiel, das jeder von uns kennt. Sie überraschen Ihre Partnerin mit Blumen! Ist Ihre Partnerin visuell, dann haben Sie richtig Glück gehabt, sie wird diesen sichtbaren Beweis Ihrer Zuneigung lieben. Ist sie hingegen auditiv, dann will sie von Ihnen viel lieber die berühmten drei Worte hören, während die Kinästhetin von Ihnen umarmt und geküsst werden will. Pech gehabt, liebe Partner der beiden letztgenannten Damen: Sie haben Ihr Geld schlecht investiert.

Die drei Sinne Sehen, Hören, Fühlen sind die wichtigsten, und mindestens einer davon ist bei fast jedem Menschen dominant.

Warum erkläre ich Ihnen dies alles – was haben Sie davon? Ganz einfach: Ihr Erfolg hängt davon ab! Denn Menschen entscheiden über »ihren« Sinneskanal, wie sie die Welt erleben, was für sie wichtig ist und wie sie von uns emotional am allerbesten zu erreichen und zu überzeugen sind. Die Frage ist: Wie erkennen Sie den bevorzugten Sinneskanal?

Menschen offenbaren ihren Sinnestyp durch ihre Sprache und ihre Augen.

Die Sprache der Sinne

Menschen zeigen über ihre Sprache, welcher Sinneskanal bei ihnen dominant ist. Visuelle Typen verwenden meist andere, nämlich visuelle Begriffe, als auditive bzw. kinästhetische Typen. Vorsicht: Dies sind Indizien, keine Beweise!

Visuelle Typen verwenden viele bildliche Ausdrücke. Sie bevorzugen folgende Wortwahl:

- *Ich **sehe** das*
- *Das ist **offensichtlich***
- *Das ist **klar***
- *Das kann ich mir **vorstellen***
- *Ich **blicke** da nicht durch*
- *Ich bin der **Ansicht***
- *Ich möchte darauf **hinweisen***

Auditive bevorzugen Begriffe, die mit Sprache, Klang und Hören zu tun haben:

- *Das **klingt** gut*
- *Das **höre** ich gern*
- *Was Sie da **sagen** …*
- *Ich meine das **Wort für Wort***
- *Das war doch **unüberhörbar***
- *Dann lassen Sie mal **hören***
- *Darauf **einstimmen***
- *Im **Einklang** sein mit …*

Kinästhetisch veranlagte Typen verwenden gefühlsbetonte, körperliche Begriffe. Sie fühlen die Welt:

- *Das **begreife** ich nicht*
- *Das **fühlt** sich gut an*
- *Ich **empfinde** das anders*
- ***Legen** Sie die Karten auf den Tisch*
- *Das hat mich sehr **ergriffen***
- *Das möchte ich **hervorheben***
- *Das möchte ich gern **aufgreifen***
- *Bitte etwas mehr **Fingerspitzengefühl***

Hören Sie bitte sehr genau hin, wenn Sie mit anderen Menschen sprechen: Welches Vokabular wird verwendet? Sind es bevorzugt visuelle, auditive oder kinästhetische Begriffe? Nutzen Sie dann diesen wertvollen Hinweis auch dazu, um selbst mehr von diesem Vokabular ins Gespräch einzubauen. Sie vereinfachen und beschleunigen dadurch das Verständnis des anderen, finden schneller Zugang zu ihm und eine gemeinsame Wellenlänge mit ihm.

Augenmuster: Was unscheinbare Blicke verraten

Die Sprache der Sinne ist eine Möglichkeit, erste Rückschlüsse auf den Wahrnehmungstyp Ihres Gesprächspartners zu ziehen. Sie haben eine zweite Chance: die Augenmuster, also die Augenbewegungen – denn auch auf diese Weise offenbart Ihr Gegenüber seinen Wahrnehmungstyp.

Achten Sie darauf, wie sich seine Augen bewegen, wenn er spricht, nachdenkt oder auf eine Ihrer Fragen antwortet. Denn so können Sie Ihren Ersteindruck anhand seiner Sprache nochmals überprüfen.

Zunächst gibt es drei Haupt-Blickrichtungen: nach oben, geradeaus und nach unten. Die Hauptrichtung dient der Einschätzung des bevorzugten Sinneskanals.

Nach oben: Visueller Wahrnehmungstyp
(Der Mensch sieht Bilder)
Geradeaus: Auditiver Wahrnehmungstyp
(Der Mensch hört Worte, Klänge usw.)
Nach unten: Kinästhetischer Wahrnehmungstyp
(Der Mensch hat Gefühle)

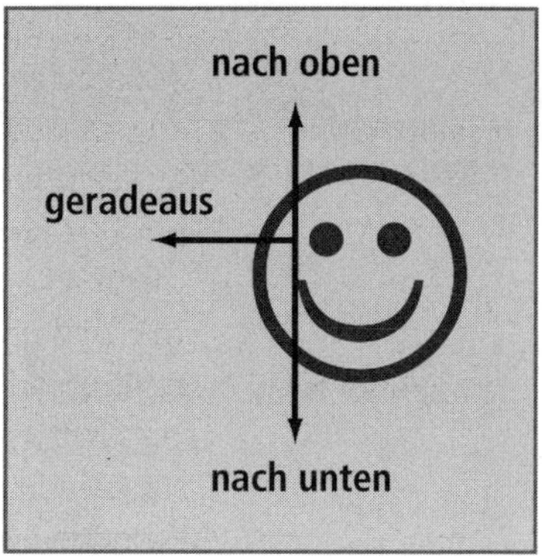

Die Augenmuster unseres Gegenübers liefern uns noch mehr wertvolle Detailinformationen. Nach der Richtung ist entscheidend, auf welche Seite die Augen blicken.

Hinweise:

- Die folgenden Richtungsangaben gelten aus der Sicht des Gegenübers.
- Alle Angaben beziehen sich auf Rechtshänder.
- Auch die Augenbewegungen sind Indizien, keine Beweise!

Die linke Seite – Erinnerungen und innerer Dialog:

Visuell erinnert (Blick nach oben links)
Dieser Blick zeigt an, dass sich der Betreffende an alte, bereits erlebte Bilder erinnert. Er sieht diese so an, wie er sie selbst abgespeichert hat.

Frage: *»Wie war Ihr Urlaub?«*
Reaktion: Der Visuelle sieht Bilder, z. B. den herrlichen Strand.

Auditiv erinnert (Blick nach links außen)
Die Person erinnert sich an Worte, Klänge, Stimmen, Geräusche oder Musik, die sie in einer bestimmten Situation selbst gehört hat.

Frage: *»Wie war Ihr Urlaub?«*
Reaktion: Der Auditive hört z. B. das Meeresrauschen oder die exotische Musik.

Kinästhetisch (Blick nach unten links)
Der Mensch geht in einen inneren Dialog. Er geht in sich und führt quasi eine Diskussion mit sich selbst.

Frage: *»Wie war Ihr Urlaub?«*
Reaktion: Die Person ist von diesem Urlaub nicht überzeugt und wägt innerlich das Für und Wider gegeneinander ab.

Die rechte Seite – Konstruktionen, Gefühle und Stimmungen

Visuell konstruiert (Blick nach oben rechts)
Die Person konstruiert gerade Bilder und sieht diese erstmalig.

Frage: *»Wie wird die Hochzeit?«*
Reaktion: Der Visuelle entwirft im Geist Bilder, z. B. vom feierlichen Festsaal.

Auditiv konstruiert (Blick nach rechts außen)
Die Person konstruiert Worte, Klänge, Musik, Stimmen oder Geräusche, die sie in der Realität noch nicht selbst gehört hat.

Frage: *»Wie wird die Hochzeit?«*
Reaktion: Der Auditive konstruiert im Geist z. B. die Rede des Pfarrers bei der Trauung.

Kinästhetisch (Blick nach unten rechts)
Die Person geht ganz in ihren Gefühlen, Stimmungen und ihren körperlichen Empfindungen auf.

Frage: *»Wie wird die Hochzeit?«*
Reaktion: Der Kinästhet spürt schon jetzt die beginnende Nervosität, seine feuchten Hände und die Gefühle an diesem Tag.

Kommen wir zum praktischen Nutzen der Augenbewegungen. Wie profitieren Sie davon, wenn Sie darauf achten? Sie erkennen, wie der andere denkt, was er erlebt, was in ihm vorgeht. Arbeiten Sie mit diesem wertvollen Modell verantwortungsvoll und nutzen Sie es bitte stets im Zusammenspiel: Beachten Sie die verbalen Hinweise der sinnesspezifischen Sprache und die nonverbalen Indizien der Augen. Je mehr Sie Ihre Denk- und Vorgehensweise darauf abstimmen, desto besser ist es für Sie!

Augenmuster erfolgreich deuten

1. Prüfen Sie die Haupt-Blickrichtung: *»Wie war Ihr Urlaub?«* Reagiert der andere visuell, auditiv oder kinästhetisch? Wichtig:
   - Frage bitte ohne sinnesspezifisches Vokabular stellen!
   - Wie ist die Haupt-Blickrichtung?
   - Symmetrie: Schaut er auf die erinnerte Seite?

2. Vergleich mit seiner Wortwahl: Stimmt der erste Eindruck?

3. Sprechen Sie möglichst in *seiner* Sprache.

4. Stimmen Sie Ihre Vorgehensweise darauf ab:
   - Der Visuelle will schnell etwas sehen.
   - Der Auditive eine interessante Beschreibung.
   - Der Kinästhet will es anfassen und ausprobieren.

Sprache und Augenmuster eines Menschen zeigen Ihnen, wie er die Welt erlebt, seine Gedanken und Prioritäten, und wie er Information und Emotionen bevorzugt verarbeitet. Für Sie ist das eine tolle Chance, sich anzugleichen, in die Welt des anderen einzutauchen und ihn emotional für sich zu gewinnen. Nutzen Sie das Know-how der Champions!

Mit versteckten Emotionen gezielt beeinflussen

Über Negationen haben wir gesprochen, das unbewusst so oft verwendete Nicht als Gefahr für Ihre Wirkung erkannt.

Hidden Champions: Die Macht verneinter Befehle

Sag, was du meinst, und du bekommst viel eher, was du willst! Doch alles hat zwei Seiten: Und so können selbst Negationen, sehr bewusst eingesetzt und gezielt dosiert, viel zu unserem Erfolg beitragen. Wir reden über die Macht verneinter Befehle. Hier nutzen wir den Effekt, den wir beim »roten Ferrari« erlebt haben, an den Sie nicht denken sollten. Was passierte? Na klar, Sie haben natürlich an ihn gedacht, ihn sicher vor sich gesehen.

Verneinte Befehle:

- Gewünschtes Ziel konkret und positiv formulieren
- Bewusst in verneinter Form aussprechen

Auch hier kommt dann beim Gegenüber genau das an, was Sie sich wünschen – beruhigend gut hinter dem »Nicht« versteckt.

Beispiele:

- *»Ich möchte* ***nicht****, dass Sie sich dafür entscheiden, bevor ...«*
- *»Ich möchte* ***nicht****, dass Sie mir gleich zustimmen, solange Sie ...«*
- *»Sie brauchen sich* ***nicht*** *sofort dafür zu begeistern!«*
- *»Bitte denken Sie jetzt noch* ***nicht*** *an die vielen Vorteile.«*
- *»Versuchen Sie bitte* ***nicht****, sofort alles gut zu verstehen.«*

> **Der verneinte Befehl wirkt. Durch die Negation sorgen Sie dafür, dass genau die Erwartung ankommt, die Sie angeblich nicht haben oder beim anderen nicht wecken wollen. Das ist so sicher wie das Amen in der Kirche – auch wenn Sie jetzt nicht an den roten Ferrari denken!**

Versteckte Botschaften führen Sie gekonnt ans Ziel

Menschen tun längst nicht immer das, was für sie gerade das Beste ist, und denken oft nicht sehr zielbewusst oder gar verbindlich.

Wer aktiv agiert, hat die besten Chancen, wer führt, der gewinnt. Je klarer Ihnen also Ihre eigenen Ziele sind und je selbstverständlicher Sie von positiven Reaktionen anderer ausgehen, desto eher werden Ihre Wünsche wahr. Mit versteckten Botschaften nutzen

Sie die faszinierende Möglichkeit, Ihre Absichten und Ziele auf eine sehr subtile, die positive Reaktion anderer voraussetzende Weise zu platzieren – als Ja-Botschaft, quasi als positiv suggestive Formulierung. Einige Beispiele zeigen Ihnen dies:

1. *»**Gleich nachdem wir uns** auf das Thema geeinigt haben …«*
   Dies suggeriert eine selbstverständliche, positive Erwartungshaltung und dass heute noch eine Einigung ansteht.

2. *»**Bevor Sie mir anschließend** interessante Fragen stellen …«*
   Dies appelliert positiv an die hier gewünschte Reihenfolge – und bitte interessante Fragen!

3. *»Wie wollen wir **die letzten 10 Minuten** am besten nutzen?«*
   Dies sendet die eindeutige Botschaft: Achtung, wir haben noch 10 Minuten. Lassen Sie sie uns nutzen.

Versteckte Botschaften führen Sie deutlich schneller ans erwünschte Ziel. Sie gehen offensiv vor und stellen dem anderen dafür ein »Bonbon« in greifbare Aussicht.

Das Lust-Prinzip: Die sieben emotionalen Big Points

Was ist nun der Stoff, aus dem echte Lust gemacht wird – wie entstehen die Emotionen, die für andere unwiderstehlich sind? Das sind die sieben emotionalen Big Points:

1. *Gute Gefühle sind das A und O.*
   Ihre positive Einstellung ist der Schlüssel zum Erfolg. Aktivieren und nutzen Sie einfach Ihr Glücksquadrat.

2. *Charisma: Emotionen übertragen sich.*
   Der erste Eindruck zählt: Nichts wirkt auf Menschen so unwiderstehlich wie Ihre Begeisterung und Leidenschaft.

3. *Wahrnehmung und Feedback*
   Menschen zeigen Ihnen genau, was sie wollen. Erlaubt ist, was wirkt: Feedback ist die Nahrung der Champions.

4. *Angleichen – von der Empathie zur Führung*
   Gleich und Gleich gesellt sich gerne! Nutzen Sie den besten Generalschlüssel für Vertrauen und Führung.

5. *Mimik und Blick*
   Mimik und Blickkontakt sind nicht alles: Doch ohne diese Charisma-Faktoren ist alles andere fast nichts.

6. *Emotionale PowerSprache*
   Machen Sie aus Ihrer (Körper-)Sprache mächtige emotionale Botschaften, die in den Bann ziehen.

7. *Entschlossenheit und Verbindlichkeit*
   Menschen reagieren genauso, wie Sie selbst agieren: Sie wollen geführt werden: Der letzte Eindruck bleibt!

Step 3:
Das Lust-Prinzip im Alltag

8. Mit Lust gut drauf sein, wenn es darauf ankommt

Smalltalk, der Türöffner

Viele Menschen bringen auf Kongressen, Partys und Stehempfängen, wenn es darum geht, auf Unbekannte zuzugehen, keinen Ton heraus. So verstreichen viele Chancen, interessante Personen kennenzulernen und wertvolle berufliche Kontakte zu knüpfen. Dabei ist Smalltalk einfach und lässt sich lernen.

Den Einstieg finden

Stellen Sie sich vor: Sie sind auf einer Betriebsfeier oder Vernissage und wollen kurz frische Luft schnappen. Sie verlassen den Raum und treten beinahe einem Vorstandsmitglied Ihres Unternehmens auf die Füße. Oder der Verkaufsleiterin einer Firma, mit der Sie schon lange gerne einen Termin hätten. Oder Ihrer »Traumfrau« oder Ihrem »Traummann«. Ihr Hirn arbeitet fieberhaft: Was könnte ich Geistreiches sagen? Doch über ein schüchternes »Guten Abend« kommen Sie nicht hinaus. Dann verabschiedet sich die andere Person mit einem Kopfnicken. Dabei wären Sie so gerne mit ihr ins Gespräch gekommen.

Im Berufs- wie im Privatleben gilt: Smalltalk ist ein Türöffner. Durch ihn gewinnen wir oft den ersten Eindruck von anderen Menschen – und auch wir hinterlassen einen ersten Eindruck. Ist er positiv, haben wir die Basis für den weiteren Kontakt geschaffen.

Doch warum fällt den meisten Menschen die leichte Unterhaltung so schwer? Ein Grund: Viele mögliche Einstiege in den Smalltalk wie »Ganz schön kalt heute« wirken floskelhaft und abgedroschen. Also verhalten sich zahlreiche Menschen nach der Maxime: »Lieber sage ich gar nichts, bevor ich etwas Dummes sage«. Doch insgeheim wünschen sie sich: »Könnte ich es bloß!«

Auf das Wie kommt es an

Dabei gilt für den Smalltalk: Was Sie inhaltlich sagen, zählt zu Beginn des Gesprächs wenig. Wichtiger ist, wie Sie es sagen, und Ihre Mimik und Körpersprache. Beim Smalltalk machen diese Faktoren über 90 Prozent des Erfolgs aus. Der Inhalt kommt erst zum Zug, wenn wir das nette Plaudern verlassen und »zur Sache« kommen. Der zweite Lichtblick: Für Smalltalk gibt es ein Erfolgsschema. Und dies können Sie lernen.

Ein Beispiel: »Sie kommen recht spät zu einer Party. Sie betreten die Küche des Gastgebers. Dort steht eine Gruppe Ihnen unbekannter Gäste und unterhält sich. Was tun? Mit den Worten *»Hi, ich bin der Tobi«* oder *»... die Marie«* ins Gespräch platzen? Besser Sie schweigen vorerst. Und beobachten. Handelt es sich um eine Duz-Gruppe? Wer kennt wen? Was ist das Thema? Habe ich etwas dazu zu sagen? Welche Personen stehen abseits? Entscheidend für einen erfolgreichen Einstieg in einen Smalltalk ist zunächst einmal die Lust, neue Menschen kennenzulernen – dann das Sortieren der Anwesenden nach Merkmalen. Diese Merkmale können auf einer Party (oder einem Kongress) sein: Raucher und Nichtraucher, Prosecco- und Safttrinker, müde und wache, junge und alte Menschen.

Gesprächsaufhänger suchen

Wichtig beim Sortieren: Halten Sie Ausschau nach Gemeinsamkeiten und Details, die einen Gesprächsaufhänger abgeben. Haben Sie einen entdeckt, so ist das die halbe Miete. Nun können Sie leicht den ersten Schritt machen: *»Endlich finde ich jemanden, der keinen Sekt trinkt. Wo bekomme ich so einen leckeren Orangensaft?«* Oder: *»Toll, Sie haben ein Veranstaltungsprogramm. Welchen Vortrag empfehlen Sie mir?«* Die Beispiele zeigen: Am besten steigen Sie mit einer Frage in die Unterhaltung ein – einer Frage, die nicht mit einem kurzen Ja oder Nein beantwortet werden kann. Nutzen

Sie offene W-Fragen. Mit zwei Ausnahmen: »Warum ...?« und »Wieso ...?« fordern eine Rechtfertigung von Ihrem Smalltalk-Partner – eine schlechte Basis für ein lockeres Gespräch. Und haben Sie den Einstieg geschafft, dann können Sie sich bekannt machen.

Was, wenn Sie trotz Beobachtung keinen Gesprächseinstieg finden? Dann schütteln Sie einen Joker aus dem Ärmel. Die Frage *»Woher kennen Sie den Gastgeber?«* ist auf Partys und Empfängen ein Sesam-öffne-dich. Genau wie die Frage *»Wie wurden Sie auf diese Veranstaltung aufmerksam?«* bei Kongressen. Kämmen Sie die Antworten nach Gemeinsamkeiten durch und spitzen Sie das Gespräch darauf zu. Zum Beispiel, indem Sie Aussagen Ihres Partners aufgreifen: *»Ach, Sie kennen sich vom Studium. Ich wollte früher auch Ingenieur werden und bin dann ...«* Oder: *»Sie lasen die Ankündigung im ManagerMagazin. Das habe ich auch abonniert. Sagen Sie, wie ...?«* Um diese Offenheit und Spontanität zu haben, brauchen Sie eine positive Grundeinstellung zum Smalltalk und ein ehrliches Interesse an Ihrem Partner. Gespielte Anteilnahme spürt Ihr Gegenüber, und Sie werden schnell unglaubwürdig. Ist Ihr Interesse jedoch aufrichtig, Ihre Einstellung positiv, dann brauchen Sie sich kaum Gedanken über Ihre Mimik und Körpersprache zu machen. Denn Ihr Körper folgt Ihrem Geist. Wenn Sie sich z. B. wirklich für den Beruf Ihres Gesprächspartners interessieren, signalisiert dies auch Ihre Mimik. Stellen Sie deshalb auch typische Smalltalk-Themen wie das Wetter usw. auf den Prüfstand. Lässt Sie das Thema kalt, sieht man dies.

Vom Smalltalk zum Bigtalk

Oft ist der Smalltalk der Auftakt für ein intensiveres Gespräch. Er öffnet Ihnen die Tür zu einem weiteren Kontakt wie einer verbindlichen Verabredung. Wie gelingt Ihnen der Übergang? Zwei Situationen sind zu unterscheiden. Wollen Sie eine Person näher kennenlernen und das Gespräch vertiefen, dann sollten Sie Ihre Fragen weiter darauf zuspitzen, und schon schlittern Sie wie von selbst vom Smalltalk in den Bigtalk.

Verfolgen Sie hingegen eine konkrete Absicht – zum Beispiel einen Termin für ein Treffen zu vereinbaren, dann sollten Sie im

Smalltalk eine Zäsur machen und eine Frage zum weiteren Vorgehen stellen. Würdigen Sie zunächst das bisherige Gespräch und stellen Sie dann eine weiterführende Frage. Ein Beispiel: *»Was Sie erzählen, ist spannend. Sollen wir uns nach dem Vortrag verabreden, um ...?«*

Und wenn Sie das Gespräch beenden möchten? Etwa, weil Sie einen Termin haben? Oder weil Ihr Interesse am Gesprächspartner erlischt? Dann sollten Sie ebenfalls das bisherige Gespräch würdigen. Und – zum Beispiel verbunden mit einem Blick auf Ihre Uhr – offen sagen, was Sie vorhaben: *»Es war spannend, mit Ihnen zu reden. Ich gehe jetzt in den Seminarraum.«* Oder: *»... Jetzt kümmere ich mich um meine Begleitung. Sie wartet im Nebenraum.«*

Üben Sie in unverfänglichen Situationen

Natürlich sind diese Tipps leichter gelesen als umgesetzt. Probieren Sie Ihre neu gewonnenen Smalltalk-Kenntnisse deshalb bitte aus, am besten in unverfänglichen Situationen wie an der Bushaltestelle oder im Zug oder Fahrstuhl. Sie werden sehen: Über ein schüchternes »Guten Tag« kommen Sie leicht hinaus. Und mit etwas Übung werden Sie zum Smalltalk-Profi. Wenn Ihnen einmal wirklich nichts einfallen will oder Sie etwas ganz anderes ausprobieren wollen, dann machen Sie einfach »Non Talk«: Lächeln Sie Ihr Gegenüber freundlich an und warten Sie, bis er zu reden anfängt. Das wirkt sofort sympathisch anders. Ein starker erster Eindruck, oder?

Schlagfertigkeit – nie wieder sprachlos

Einwände und verbale Angriffe gekonnt kontern

»Hätte ich doch so reagiert ...« »Jetzt wüsste ich, was ich ihm sagen würde ...« Kennen Sie das? Genau das denken wir oft im Nachhinein, wenn wir in einem Gespräch verbal »auf dem Schlauch« standen. Durch eine gezielte Gesprächsvorbereitung lassen sich solche Situationen weitgehend vermeiden.

Abteilungsbesprechung am Montagmorgen: Verkäufer Meier ist nach einem gelungenen Wochenende guter Dinge. Entspannt berichtet er über seine letzten Abschlüsse und welche Aktivitäten er als Nächstes plant. Da passiert es: *»Machen wir uns nichts vor. Ihre Zahlen sind schlecht«*, raunzt ihn der Chef vor allen aus heiterem Himmel an. Die verbale Ohrfeige sitzt. Meier ist sprachlos. Hilflos sucht er nach einer Rechtfertigung. Mit hochrotem Kopf stammelt er: *»Aber ich habe doch ...«*

In einem Gespräch nach einem Einwand oder verbalen Angriff »auf dem Schlauch« zu stehen – eventuell gar vor »versammelter Mannschaft« –, ist für viele Menschen ein Albtraum. Zumal sie wissen: Kaum ist das Gespräch vorbei, fallen mir die klügsten Antworten ein. Doch viele Gespräche im beruflichen Kontext – seien dies Bewerbungs- oder Verkaufsgespräche, Team- oder Projektbesprechungen – gleichen einer Prüfung. Was uns später einfällt, nützt uns nichts mehr. Daher gilt: Gut vorbereitet ist halb »bestanden«. Entsprechend gezielt sollten Sie sich auf wichtige Gespräche vorbereiten. Überlegen Sie nicht nur, was Sie sagen möchten, sondern auch, was Ihre Gesprächspartner erwidern, welche Defizite sie an Ihnen und welche Schwachpunkte und Lücken sie an Ihrer Argumentation finden könnten. Wie reagieren Sie dann darauf?

Ruhig Blut bewahren und sachlich bleiben

Beim Vorbereiten gilt es, zwischen Einwänden und verbalen Attacken zu unterscheiden. Einwände wie *»Das ist zu teuer«* sind meist vorhersehbar, haben stets einen rationalen oder auch emotionalen Grund. Etwas anders verhält es sich mit Verbalattacken wie *»Sie haben keine Ahnung«* oder *»Ihr Verkäufer verspricht immer viel, aber ...«*. Sie sind rein emotionaler Natur, persönlich angreifend und erfolgen meistens völlig unverhofft. Also ist eine andere, souveräne Reaktion gefragt.

Bei verbalen Attacken lautet die Maxime: Ruhig Blut bewahren und versuchen, das Gespräch auf eine sachliche Ebene zurückzuführen. Denn was nutzt es Ihnen, wenn Sie z. B. auf die Aussage Ihres Chefs *»Sie haben keine Ahnung«* erwidern: *»Ebenso wie Sie?«* Wenig! Dann müssen Sie sich vermutlich einen neuen Job suchen. Ähnlich ist es, wenn ein Kunde Ihre Seriosität als Verkäufer anzweifelt. Dann sollten Sie nicht zurückblaffen *»Ich verbitte* *mir eine solche Unverschämtheit«*, denn dann eskaliert die Situation. Oder zumindest bauen Sie eine Konfrontation auf. Ihr Ziel, dem Kunden etwas zu verkaufen, erreichen Sie so ganz sicher nicht. Also besser Sie nutzen in diesen Momenten einfach spontan Ihr Glücksquadrat!

Verhalten bei Verbalattacken

Werden Sie tatsächlich einmal verbal hart attackiert, dann atmen Sie zunächst bitte tief durch und fragen den anderen zum Beispiel: *»Wie bitte?«*, *»Wie meinen Sie das?«* oder *»Wie kommen Sie darauf?«* Oder sagen Sie, wenn ein Kunde Ihre Seriosität bezweifelt: *»Es tut mir leid, dass Sie solche Erfahrungen mit Verkäufern gesammelt haben. Was haben Sie konkret erlebt?«* Hierdurch veranlassen Sie Ihren Partner, seine Aussage rational zu begründen und Beispiele zu erzählen. In allen genannten Fällen gewinnen Sie dadurch das Wichtigste: Zeit!

Denn wenn Sie so oder ähnlich reagieren, dann wird der andere ziemlich sicher eine der folgenden Reaktionen zeigen:

1. Er merkt selbst, dass er sich im Ton vergriffen hat – zum Beispiel, weil er am Morgen mit dem falschen Fuß aufgestanden ist. Dann entschuldigt er sich entweder mit *»So war das nicht gemeint«* oder er relativiert zumindest seine Aussage.
2. Er begründet seinen Verbalangriff z. B. damit, dass ein ähnliches Projekt bereits in der Vergangenheit scheiterte oder ein Kollege von Ihnen eine Zusage nicht einhielt. Ihr Gesprächspartner nennt Ihnen nun also einen rationalen Grund beziehungsweise Einwand. Und diesen können Sie entkräften – wenn Sie darauf vorbereitet sind.
3. Er wiederholt die Aussage Wort für Wort, verhält sich weiter so persönlich angreifend und attackierend. Dann ist es höchste Zeit, dem Ganzen sehr deutlich Einhalt zu gebieten: Durch klare, verbindliche Worte – mit festem Blickkontakt an den anderen gerichtet: *»Wir können hier über alles reden, nur nicht über meine Person!«* könnten Sie dann zum Beispiel dem »frechen« Kunden sagen: *»Halten Sie Ihr Verhalten für fair?«* oder *»Das sehe ich völlig anders«* dem

provozierenden Chef. Und wenn Sie wirklich einmal in die Vollen gehen wollen, dann stimmen Sie einfach zu und sagen: *»Na klar, Sie haben vollkommen Recht«* oder *»Ja, stimmt«*. Nun ist der andere sprachlos und peinlich wird es dann … allein für ihn!

Sich vorab passende Antworten überlegen

Viel einfacher ist es bei den meisten Einwänden: Diese tauchen in der Regel immer wieder auf, sind also vorhersehbar und meiner Erfahrung nach die Varianten stets an einer Hand abzählbar. Bei Verkaufsgesprächen ist ein solcher Klassiker: *»Das ist zu teuer.«* Bei Team- oder Mitarbeiterbesprechungen lautet ein häufiger Einwand: *»Das haben wir noch nie gemacht.«* Und wenn Sie Ihren Chef um ein höheres Gehalt bitten, ist die Wahrscheinlichkeit groß, dass er antwortet: *»Unsere Ertragslage ist schlecht«* oder *»Das sprengt unser Gehaltsgefüge«*. Die allermeisten Einwände sind somit vorhersehbar. Also können Sie sich vorab gute Reaktionsmuster zurechtlegen und üben!

Beim Vorbereiten auf mögliche Einwände sollten Sie sich vor Augen führen: Einwände bedeuten kein grundsätzliches Nein. Für Ihre Gesprächspartner existieren noch Unklarheiten, der Nutzen ist nicht deutlich bzw. attraktiv genug, d. h., die Rahmenbedingungen für ein Ja stimmen noch nicht. Also sollten Sie ausloten, unter welchen Bedingungen ein Ja möglich ist. Denn dann können Sie eine passende Argumentation entwickeln.

Bedingungen für ein Ja ausloten

Zuweilen lassen sich die Bedingungen für ein Ja vorab nicht ermitteln. Dann sollten Sie dies im Gespräch tun. Ein Beispiel: Ein Kollege erwidert in einem Meeting auf Ihren Vorschlag *»Das haben wir so noch nie gemacht«*. Dann könnte Ihre Antwort lauten: *»Ja, Sie haben Recht. Und liegt nicht gerade darin ein große Chance?«* Ein zweites Beispiel: Ihr Chef erwidert auf Ihren Wunsch nach mehr Geld: *»Unsere Ertragslage ist schlecht.«* Dann könnte Ihre Antwort lauten: *»Ich weiß, dass unsere Erträge schon besser waren. Wie hoch schätzen Sie denn meine aktuelle persönliche Leistung ein? «*

Indem Sie so vorgehen, sorgen Sie dafür, dass Sie mit Ihrem Gesprächspartner nicht mehr über Ihren Vorschlag an sich diskutieren, sondern gemeinsam eine Lösung suchen. Solche Reaktionsmuster fallen Ihnen im Gespräch selbst häufig nicht ein, wenn Sie nervös sind und sehr spontan reagieren müssen.

Deshalb tragen Sie bitte die typischen Einwände zusammen, die Sie häufiger zu hören bekommen. Und erarbeiten Sie sich für jeden dieser Einwände eine richtig gute Lösung:

1. **Zeigen Sie Verständnis (»Aha«, »Ich verstehe, dass ...«)**
2. **Hinterfragen Sie anschließend den Einwand selbst, oder lenken Sie den Einwand in eine andere Richtung**

Attracting: Gut ankommen

Innerhalb von wenigen Sekunden Menschen für sich einnehmen – vor dieser Herausforderung stehen viele Berufstätige im Arbeitsalltag, z. B. Verkäufer, wenn sie einen Termin bei einem neuen Kunden haben. Wie gut sie dann bei ihren Gesprächspartnern ankommen, hängt ganz besonders von ihrer Ausstrahlung ab – und die können sie gezielt beeinflussen.

Beispiel Verkäufer Schulze hat sich bestens auf den Termin bei Chefeinkäufer Stahl vom Konzern Global vorbereitet, denn er weiß: *»Vom Verlauf des Gesprächs hängt mein Umsatz und meine Provision ab.«* Systematisch listete er im Vorfeld alle möglichen Einwände des Einkäufers auf und überlegte sich passende Gegenargumente. Schließlich gilt Stahl als harter Verhandler. Selbst den Stau auf der Autobahn plante Schulze ein, so dass er pünktlich vor Stahls Bürotür steht. Doch kaum hat er dessen Büro betreten, spürt er: *»Irgendwie stimmt die Chemie nicht; ich finde keinen Draht zu Stahl.«* Und auch über dessen Aufforderung gegen Ende des Gesprächs, Schulze solle ihm ein detailliertes Angebot unterbreiten, kann sich der erfahrene Verkäufer nicht freuen, denn er weiß: *»Das sagte Stahl nur, um mich loszuwerden. Den Auftrag bekomme ich mit Sicherheit nicht.«*

Anders ergeht es am selben Tag Schulzes Wettbewerber Müller. Einkäufer Stahl schaute zwar zunächst auch recht mürrisch, als der Verkäufer sein Büro betrat. Doch schon wenige Augenblicke später sind Müller und Stahl in ein intensives Gespräch darüber vertieft, wie hektisch der Arbeitsalltag in den letzten Jahren wurde und wie wenig Planungssicherheit noch besteht. Und nur wenige Minuten später erläutert Stahl Müller detailliert, vor welchen Herausforderungen sein Unternehmen steht und welche Anforderungen es folglich an seine Lieferanten stellt – bevor er schließlich Müller bittet, ihm ein detailliertes Angebot zu unterbreiten. Und Müller! Der reibt sich, als er wieder im Auto sitzt, die Hände. Denn er weiß: Den Auftrag habe ich so gut wie in der Tasche.

Erfolgsfaktor Ausstrahlung

Warum wirken manche Menschen auf andere auf Anhieb sympathisch – so sympathisch, dass man ihnen sogar kleine Fehler verzeiht? Warum gelingt es manchen Kundenbetreuern, anderen im Handumdrehen das Gefühl zu vermitteln: *»Mir kannst du vertrauen«*, während ihre Kollegen es nicht schaffen, einen Draht zu ihnen aufzubauen? Und warum erhalten manche Verkäufer, obwohl sie fachlich eher durchschnittlich sind, nach Kundenbesuchen fast immer einen Auftrag, während ihre Kollegen, die jedes fachliche Detail kennen, oft mit leeren Händen vor der Tür stehen?

Am fachlichen Know-how kann es nicht liegen – denn dann müssten die fachlich fittesten auch die besten Verkäufer sein. Also muss die Ursache woanders liegen: in der Persönlichkeit der Verkäufer, in dem Gefühl, das sie anderen durch ihr Auftreten vermitteln.

Sehr gute Verkäufer ähneln – in mancher Hinsicht – Kindern. Wenn Kinder einen anstrahlen, muss man meist zurücklächeln. Selbst wenn man gerade noch wütend war – zum Beispiel, weil sie einem soeben mit ihren Klebefingern die frisch gewaschene Hose verschmiert haben. Warum? Ihrem unschuldigen Lächeln und ihrem offenen Blick kann man sich schwer entziehen. Sie lassen Widerstände und Barrieren schmelzen.

Gedanken und Gefühle gezielt beeinflussen

Diese Eigenschaft, die Sie als Kind einmal hatten, sollten Sie als Verkäufer bei sich reaktivieren. Das geht. Probieren Sie es aus, z. B. in einem Aufzug. Wenn Sie bei dessen Betreten mit ernster Miene und gesenktem Blick »Guten Tag« sagen, werden die meisten Personen beharrlich schweigen. Anders ist die Reaktion, wenn Sie zuvor an etwas Positives denken und ein Lächeln in Ihr Gesicht zaubern. Dann werden einige Mitfahrer aufschauen und lächelnd Ihren Gruß erwidern. Ein oder zwei werden eventuell sogar das Gespräch suchen. Und sei es nur mit der Frage: »In welches Stockwerk möchten Sie?«

Das heißt: Über unsere Gedanken können wir unsere Gefühle und damit auch unsere Ausstrahlung beeinflussen und hiermit wiederum die Reaktion anderer Menschen auf uns. Also führen auch negative Gedanken letztlich zu negativen Reaktionen. Genau deshalb hatte Herr Schulze in dem Verkaufsgespräch kein »Glück«. Denn er fühlte sich bei dem Gespräch nicht wohl in seiner Haut – gerade weil es für ihn so wichtig war. In Stahl sah er nur einen Gegner, dessen Widerstand es zu überwinden galt. Und dies signalisierte er seinem Gegenüber auch klar durch sein Verhalten: seine Mimik, seine Stimme und seine Augen. Dadurch bewirkte er, dass auch der Einkäufer innerlich auf Distanz ging und eine abwartende »Habt-Acht«-Stellung einnahm.

Körpersprache spiegelt Empfinden wider

Wenn Sie Ihre Gesprächspartner für sich gewinnen möchten, müssen Sie ihnen echtes Interesse an ihrer Person signalisieren. Hierfür genügt es nicht, Ihr professionelles Verkäufer-Lächeln aufzusetzen und durch Ihre Körpersprache (scheinbar) Offenheit zu signalisieren. Denn Ihre Körpersprache wirkt schnell unecht und stereotyp, wenn keine echten Gefühle dahinterstecken.

Ganz anders ist dies, wenn Sie sich wirklich auf das Gespräch freuen und sich wohl in Ihrer Haut fühlen. Dann spiegelt sich dies in Ihrer Körpersprache wider, in Ihrer Stimme kommt ein »Lächeln« herüber und in Ihren Augen ist das Leuchten, das fürs »gute Ankommen« so wichtig ist.

Sich vor wichtigen Terminen, z. B. vor einer Vorstandspräsentation oder einem Gespräch mit Schlüsselkunden, in eine positive Stimmung zu versetzen, das können Sie mit Ihrem Glücksquadrat trainieren. Damit Ihre Augen auf Knopfdruck strahlen und Ihre Stimme lächelt – einfach unwiderstehlich!

Den Partner als Person wahrnehmen

Wer gut ankommen will, muss genau hinsehen und hinhören. Entscheidend ist, dass Sie die Situation Ihrer Mitmenschen wahrnehmen und darauf eingehen. Bemerken Sie zum Beispiel, dass Ihr Gesprächspartner gerade gestresst wirkt, dann kann ein echter Türöffner sein, wenn Sie zu ihm sagen: *»Bei Ihnen geht es im Moment ja hoch her.«* Denn damit bieten Sie Ihrem Partner die Chance, Ihnen sein Herz auszuschütten – und die eigene Wichtigkeit zu unterstreichen. Folgt dann noch das Angebot: *»Soll ich noch kurz draußen warten?«*, hat der Verkäufer oft schon gewonnen – selbst wenn der Kunde das Angebot nicht annimmt und spürt: Hier ist jemand, der mich und meine Situation wahrnimmt und versteht. Er fasst Vertrauen.

Genau deshalb hatte Verkäufer Müller Erfolg, weil er mit einer positiven Grundhaltung und entspannt das Büro von Einkäufer Stahl betrat. Deshalb registriert er dessen überladenen Schreibtisch und gehetzten Blick. Doch anders als sein Kollege Schulze lässt er sich hierdurch nicht verunsichern. Vielmehr sagt er mit einem verständnisvollen Lächeln: *»Bei Ihnen scheint es im Moment ja heiß herzugehen, wenn ich Ihren Schreibtisch so sehe.«* Das öffnete ihm die Tür zum Herzen des Einkäufers. Das heißt, ob Sie bei anderen gut ankommen, liegt daran, wie gut es Ihnen gelingt, eine persönliche Beziehung aufzubauen.

Den Gesprächspartner aktivieren

Ist die Basis für ein erfolgreiches Gespräch gelegt, gilt es dafür zu sorgen, dass der »Draht« nicht abreißt und das Gespräch nicht kippt. Prüfen Sie deshalb im Gespräch immer wieder, ob die Chemie noch stimmt. Weicht Ihr Gesprächspartner plötzlich Ihren Blicken aus, kann dies bedeuten: Die Beziehung ist nicht mehr im Reinen. Ebenso ist es, wenn sich Ihr Gegenüber zunehmend in seinem Sessel verkriecht und immer spärlicher auf Ihre Worte und Gesten reagiert. Dann ist es Ihre Aufgabe, ihn wieder ins Boot zu holen. Am einfachsten gelingt Ihnen dies mit Rückfragen. Zum Beispiel, indem Sie fragen: »*Wenn ich Sie richtig verstanden habe, dann sind Ihnen folgende Punkte wichtig: Erstens ... zweitens .... drittens .... Welche weiteren Punkte gibt es?*« Dadurch bewegen Sie Ihren Partner, wieder aktiv zu werden.

(Re-)Aktivieren können Sie Ihren Gesprächpartner auch, indem Sie zum Beispiel sagen: »*Herr Stahl, wir sind beide Profis. Wir wissen beide, dass Sie möglichst preisgünstig einkaufen müssen und ich wiederum dafür sorgen muss, dass auch in der Kasse unseres Unternehmens noch etwas hängen bleibt. Was können wir tun, damit wir zu einem Deal kommen, der für uns beide zufriedenstellend ist?*« Ein solches Vorgehen hat mehrere Vorzüge: Sie schmeicheln dem Verkäufer, indem Sie sagen, er sei ein Profi – zugleich stellen Sie jedoch Ihr eigenes Licht nicht unter den Scheffel. Sie signalisieren Ihrem Partner außerdem, dass Sie Verständnis dafür haben, dass er hart verhandelt. Und zugleich fordern Sie ihn auf, Ihnen konkrete Vorschläge zu unterbreiten, wie Sie sozusagen die Kuh vom Eis bekommen.

Persönlichkeit zeigen

Manche Verkäufer mögen hierauf erwidern: So selbstbewusst kann ich als Verkäufer doch nicht agieren. Doch genau das müssen Sie! Denn nur so können Sie Ihren Kunden signalisieren: »*Ich bin ein echter Profi.*« Und: »*Von mir hörst du nicht das übliche Verkäufer-Blabla, denn ich will mit dir richtig gute Geschäfte machen. Deshalb interessiere ich mich auch für dich und deine Arbeitssituation.*« Das heißt: Wer als Verkäufer Spitze sein möchte, muss Persönlichkeit zeigen. Je authentischer und damit glaubwürdiger Sie sind, desto mehr Vertrauen bringen Menschen Ihnen entgegen und öffnen sich Ihnen gegenüber.

Zum Authentisch-Sein gehört auch, dass Sie im Gespräch Ihr »Revier« markieren – selbstverständlich ohne dabei arrogant zu wirken. Ein Beispiel: Ein Einkäufer sagt zu Ihnen: »*Wir schauen uns erst einmal die Angebote von zehn Dienstleistern an und dann entscheiden wir uns für einen Partner.*« Das Signal, das er hiermit an Sie senden möchte, lautet: »*Ich entscheide hier, wie der Hase läuft. Ich bestimme die Spielregeln«* oder sogar *»Du bist für mich nur einer von vielen Anbietern – verwechselbar, austauschbar«*. Auf eine solche Aussage können Sie dann ganz entspannt erwidern: *»Das finde ich gut. So machen wir das mit unseren Dienstleistern auch.«* Oder, wenn Sie noch mehr als Partner auf Augenhöhe herüberkommen wollen: *»Aha, interessant. Wie haben Sie denn so viele gleichwertige Anbieter gefunden?«* Die Qualität Ihrer Reaktion sollte zu Ihrer Marktposition passen: Sind Sie Durchschnitt, einer von vielen gleichwertigen Anbietern, dann können oder müssen Sie sich auch so behandeln lassen. Befinden Sie sich jedoch in einer Spitzenposition, dann sollten Sie dies auch klar signalisieren, indem Sie zum Beispiel antworten: *»Ich verstehe Sie. Haben Sie bitte dafür Verständnis, dass wir uns an einem solchen Wettbewerb nicht beteiligen!«* Das ist echtes Standing, bringt Ihnen mit Sicherheit eine gehörige Portion Respekt ein. Und schon befinden Sie sich mit Ihrem Gesprächspartner wieder auf einer Ebene. Doch nicht nur dies. Eine solche Antwort eröffnet Ihnen zudem die Chance, anschließend unmittelbar zu fragen: *»Und nach welchen Kriterien entscheiden Sie, wenn die Angebote vorliegen?«* Mit etwas Glück erzählt Ihr Gesprächspartner, was ihm bei seiner Entscheidung am wichtigsten ist – das ist selten nur der Preis allein. Und Sie können Ihr Angebot dann sogar noch genauer darauf anpassen.

Kunden ein Erlebnis verkaufen

Warum verkaufen manche Verkäufer mehr als andere – wie gelingt es ihnen, Kunden scheinbar mühelos für ihr Angebot zu begeistern und mehr Abschlüsse zu erzielen? Ganz einfach: Sie machen das Verkaufsgespräch für den Kunden zum Erlebnis.

Beispiel

Verkäufer Huber betritt das Büro von Herrn Müller, einem potenziellen Kunden. Nachdem sich beide begrüßt und ihre Visitenkarten ausgetauscht haben, macht Huber erst einmal Smalltalk – wie immer – über den Stau auf der Autobahn, das Wetter, die Situation in der Branche. Ein oder zwei Minuten verstreichen so. Dann legt Huber so richtig los. Als gäbe es kein Halten mehr, zählt er Müller alle ihm bekannten Merkmale und Vorzüge seines Angebotes auf. Nach zwölf Minuten Monolog kommt er zum Schluss und fragt Müller: *»Was halten Sie davon? Wäre das etwas für Ihr Unternehmen?«* Müller antwortet: *»Nein«*. Und Huber ist sprachlos: Warum sagt Müller Nein? Das Gespräch hatte doch so positiv begonnen?

Anders agiert Verkäufer Bloch. Er versetzt sich vor dem Gespräch zunächst in Bestlaune – mittels ein, zwei mentaler Übungen im Auto auf dem Besucherparkplatz. Denn er weiß, wie gut er bei seinem Gesprächspartner ankommt, hängt zu einem großen Teil von ihm selbst ab – seine innere Einstellung entscheidet über seine Ausstrahlung: »Wenn ich mich gut fühle, kommt automatisch ein Lächeln in meine Stimme und meine Augen strahlen. Zudem signalisieren meine Mimik und Gestik Offenheit.« Das ist gerade in der Startphase des Gesprächs wichtig. Denn welchen ersten Eindruck wir beim anderen hinterlassen, darüber entscheidet nur zu ungefähr sieben Prozent der Inhalt dessen, was wir sagen. Viel wichtiger ist unsere Körpersprache und die Art, wie wir etwas sagen.

Mit Fragen führen

Nach der Begrüßung und dem Austausch der Visitenkarten sieht Verkäufer Bloch sein Gegenüber freundlich an und sagt zunächst nichts. Dadurch spürt Müller sofort: Dieser Verkäufer ist anders als die meisten seiner Berufskollegen. Das erzeugt bei ihm eine positive Erwartungshaltung. Er fasst Vertrauen. Zuvorkommend fragt er Bloch nach seiner Anreise und bietet ihm etwas zu trinken an. Eine lockere Plauderei entsteht.

Eher beiläufig erkundigt sich Bloch nach einiger Zeit nach den Erwartungen und dem Informationsstand des Kunden: *»Herr Müller, sagen Sie mir bitte: Was erwarten Sie von unserem Gespräch? Wünschen Sie erst einmal einen allgemeinen Überblick über unsere Produkte oder interessieren Sie sich für eine ganz bestimmte Lösung?«* Darauf Müller: *»Nun, wir stehen vor folgender Aufgabe ... Dafür suche ich die optimale Lösung.«* Bloch greift diese Information sofort auf: *»Was erwarten Sie von der optimalen Lösung?«* Indem er die Worte des Kunden aufgreift, will er eine Gemeinsamkeit erzeugen. Zugleich möchte er mit der Frage erkunden: Was ist dem Kunden wichtig? Nach welchen Kriterien trifft er die Kaufentscheidung?

Für Müller ist der Preis wichtig, aber noch wichtiger ist ihm, dass die Lösung einfach handhabbar ist und störungsfrei funktioniert. Daraufhin fragt Bloch sofort nach: *»Worin würde sich für Sie zeigen, dass die Lösung leicht handhabbar ist, und welche Folgeprobleme möchten Sie ausschließen?«* Der Grund: Nur so erfährt er, was die zentralen Kaufentscheidungskriterien des Kunden sind. Zudem vermittelt er dem Kunden durch die Nachfrage das Gefühl: Dieser Verkäufer interessiert sich wirklich für mich, meine Situation und meine Probleme.

Nachdem Bloch die nötigen Infos hat, fasst er die Kundenwünsche noch einmal zusammen: *»Also, wenn ich Sie richtig verstanden habe, dann legen Sie besonderen Wert auf ...«* Erst nachdem ihm der Kunde dies bestätigt hat, beginnt Bloch mit der Präsentation seines Lösungsvorschlags – in einer kunden- und nutzenorientierten Sprache, die die Vorteile für den Kunden greifbar macht. Er sagt also nicht *»Wir können ...«* oder *»Unser Produkt hat ...«*, sondern *»Mit diesem Produkt gewinnen Sie ....«* oder *»Mit dieser Lösung sparen Sie ...«* und *»Auf diese Weise erreichen Sie ...«*. Und nach jedem Nutzenargument sichert er durch so genannte Bestätigungsfragen ab, ob dieses auch den Erwartungen des Kunden entspricht – zum Beispiel, indem er fragt: *»Wie interessant ist dies für Sie?«* oder *»Wie sehr entspricht dies Ihren Idealvorstellungen?«* So beugt Bloch möglichen Einwänden in der Abschlussphase vor. Nur wenn auf seine Fragen ein Okay folgt, fährt er fort.

Emotionen wecken

Beim Schildern der Problemlösung verwendet Bloch zudem Ausdrücke, die bei seinem Gegenüber Bilder entstehen lassen – zum Beispiel *»klar wie ein Gebirgssee«, »prickelnd wie Champagner«* oder *»weich wie Nubukleder«*. Er spricht mit dem Kunden und über den Nutzen seiner Lösung sehr emotional, denn er weiß: Bei der Kaufentscheidung spielt der Bauch eine wichtige Rolle. Das Angebot muss schmecken. Deshalb nutzt Verkäufer Bloch bei seiner Präsentation auch viele *Magic Words* – kleine Zauberwörter, die den Kunden zum Träumen bringen, weil sie in ihm positive Empfindungen wecken und so eben zum Zustimmen und Mitmachen verleiten. Bloch sagt zum Beispiel nicht nüchtern: *»Das Produkt hilft Ihnen, Ihre Ziele zu erreichen«*, sondern: *»Mit dieser innovativen Lösung erzielen Sie eine geballte Wirkung«*.

Regelmäßig hält Bloch außerdem Blickkontakt, spricht den Kunden mit Namen an und beobachtet, wie er auf seine Fragen und Aussagen reagiert. Merkt er, dass Müller dichtmacht oder gelangweilt wirkt, wechselt er seine Strategie. Denn er weiß: »Was zählt ist, wie meine Argumente beim anderen ankommen.«

Im Gespräch macht Bloch auch immer wieder Pausen. Damit verfolgt er mehrere Ziele: Zum einen gewinnt er dadurch Zeit, vorauszudenken. Zum anderen fällt es seinem Gegenüber leichter, die Informationen zu verdauen. Außerdem kann er mit Pausen die Aufmerksamkeit gezielt auf bestimmte Aussagen lenken. Er macht Spannungspausen vor einem Highlight wie: *»Mit unserem Produkt können Sie Ihren Umsatz um … zehn Prozent steigern!«* Und Wirkungspausen nach besonderen Aussagen wie: *»Der Marktführer empfiehlt unser Produkt …«*

Am Schluss punkten

Nachdem er die relevanten Nutzenargumente genannt hat, leitet Bloch allmählich zum Abschluss über. Im Kopf hat er sehr verbindliche Gedanken und tauscht seine gemütliche Sitzposition gegen eine aufrechte Sitzhaltung. Die Veränderung der Körpersprache signalisiert dem Kunden unbewusst, dass eine neue Gesprächsphase beginnt. Zugleich zeigt ihm der direkte Blickkontakt Offenheit, Ehrlichkeit und Stärke. Dann geht Bloch in die Offensive, entweder sehr direkt mit: *»Herr Müller, wann wollen wir am besten loslegen?«* oder mit *»Wie machen wir jetzt am besten weiter? Wollen Sie erst einmal eine Testlieferung probieren oder gleich den größten Gewinn erzielen?«* Alternativfragen wie diese geben dem Kunden das gute Gefühl, eine Auswahl zu haben – und sorgen dennoch für konkrete Antworten innerhalb eines vom Verkäufer gewünschten Zielkorridors. Bloch fragt also nicht, *ob* der Kunde kaufen will, sondern nur noch *was, wann und wie viel.* Dabei achtet er auf kurze Sätze, die klar und verbindlich zum Handeln – also zur Kaufentscheidung – motivieren. Hat der Kunde sich entschieden, beglückwünscht er ihn – zum Beispiel mit den Worten: *»Herr Müller, ich versichere Ihnen, damit haben Sie eine gute Wahl getroffen.«* Er weiß: Der letzte Eindruck bleibt!

Die Angst vor dem Abschluss

Worauf zielt wohl jedes Verkaufsgespräch ab? Klar, auf einen Kaufabschluss. Doch wenn die Zeit hierfür reif wäre, zögern viele Verkäufer – aus Angst, der Kunde könnte Nein sagen oder sie als aufdringlich empfinden. Dabei geht das Ja dem Kunden meist einfach über die Lippen, wenn Sie das Verkaufsgespräch gut strukturieren und zum Schluss verbindlich sind!

Beispiel

Das Verkaufsgespräch ist hervorragend gelaufen. Verkäufer Henze fand einen guten Draht zur Kundin. Bereitwillig erzählte sie ihm, welche Erwartungen sie an die neue Waschmaschine hat – oder die nächste Urlaubsreise. Also konnte Henze der Kundin die Alternativen auch so präsentieren, dass sie zur Überzeugung kam: Genau dieses Angebot möchte ich haben. Henze ist zufrieden – und die Kundin anscheinend auch. Jetzt fehlt nur noch ihre Unterschrift unter dem Vertrag. Doch vor der Frage *»Darf ich Ihre Bestellung notieren?«* schreckt Henze zurück. Plötzlich stockt das Gespräch, und Henzes verkäuferischer Elan erlahmt. Von strategischer Gesprächsführung ist nichts mehr zu spüren.

Wie viele seiner Berufskollegen hat Henze Angst vor der letzten Phase des Verkaufsgesprächs, bei der es die Früchte der Arbeit zu ernten gilt: den Auftrag. Woran das liegt? Unter anderem daran, dass sich Henze nun als Verkäufer »outen« muss. Während sich seine Tätigkeit bisher weitgehend auf ein Informieren und Beraten der Kundin beschränkte, muss er nun klar bekennen: Ich bin hier, um Ihnen etwas zu verkaufen.

Dieser »Rollenwechsel« vom Berater zum Verkäufer fällt vielen schwer – weil sie nicht wie schmierige Klinkenputzer wirken möchten, die ihren Kunden etwas aufschwatzen. Und aus

Angst vor zu viel selbstverpflichtender Verbindlichkeit und der somit drohenden Ablehnung – die Angst vor Liebesentzug! Diese Angst ist meist unbegründet – zumindest dann, wenn der Verkäufer zuvor die Bedürfnisse des Kunden genau ermittelt und den Nutzen seiner Produkte kundenbezogen dargestellt hat. Denn dann möchte auch der Kunde, spätestens wenn alle Fragen zu seiner Zufriedenheit beantwortet sind, in den Genuss dieser Vorteile kommen und das Produkt kaufen. Schließlich sprach er nicht »einfach so« mit dem Verkäufer, sondern weil er etwas braucht beziehungsweise möchte. Warum sollte er also das Produkt nicht kaufen wollen?

Dass sich viele Verkäufer vor der Abschlussfrage fürchten, liegt vor allem an folgenden Punkten:

- **Sie haben kein klares Gesprächsziel.**
- **Sie versäumen es, im Gespräch Teilentscheidungen des Kunden einzuholen.**
- **Sie empfinden die Frage »Wollen Sie jetzt gerne kaufen?« als unhöfliches Drängeln. Und:**
- **Sie haben Angst vor einem »Nein« des Kunden, weil sie denken: Dann war alle Mühe umsonst.**

Klare Ziele definieren

Ein klares Ziel ist das, was vielen Verkäufern fehlt. Deshalb wissen sie nicht, worauf sie hinarbeiten sollen: Direkt auf einen Verkauf? Oder zum Beispiel auf einen zweiten Termin, bei dem der Kunde seine Unterschrift unter den Vertrag setzt?

Setzen Sie sich bitte klare Ziele für Ihre Verkaufsgespräche. Legen Sie die Messlatte (erreichbar) hoch, allerdings nicht zu hoch, indem Sie sich beispielsweise vornehmen: *»Ich will dem Kunden gleich im ersten Gespräch ein Fertighaus verkaufen.«* Oder einen Pauschalurlaub für 10 000 Euro. Denn die Entscheidung über eine so große Investition treffen Kunden (meist) nicht spontan. Hierüber wollen sie in der Regel erst einige Zeit nachdenken und sich zum Beispiel mit ihrem Lebenspartner beraten. Ein Teilziel beim Verkauf von Flugreisen kann sein: *»Ich reserviere für Sie schon mal vier Plätze. Morgen früh rufe ich Sie dann an, um alles zu buchen.«*

Legen Sie die Messlatte bitte auch nicht zu niedrig, indem Sie als Ziel zum Beispiel formulieren: *»Ich möchte die Kundin nur informieren.«* Denn in vielen Familien entscheidet die Frau, wohin die Urlaubsreise geht. Und der Mann ist froh, wenn er damit nicht belästigt wird. Warum also nicht die Kundin fragen: *»Soll ich die Plätze für Sie buchen?«* Denn wenn die Kundin zum Abschluss bereit ist und Sie diesen ewig hinauszögern, verplempern Sie Zeit ... und Geld. Zudem besteht die Gefahr, dass das Interesse der Kundin erlahmt – zum Beispiel, weil sie zu Hause in der Zeitung ein noch attraktiveres Angebot sieht. Wie Sie am besten vorgehen, erkennen Sie im Gespräch.

Ähnlich verhält es sich, wenn Sie Lebensversicherungen verkaufen. Wenn Sie Kunden vorschnell zum Abschluss nötigen, erhöhen Sie nur Ihre Stornoquote. Wenn Sie den richtigen Zeitpunkt zum Abschluss hingegen verpassen, dann ist die Gefahr groß, dass Sie den Abschluss, den Sie eigentlich schon sicher in der Tasche hatten, wieder verlieren. Denn Sie sind nicht der einzige Anbieter am Markt. Timing ist hier alles.

Setzen Sie sich daher für Ihre Verkaufsgespräche realistische und zugleich anspruchsvolle Ziele – entweder anhand der Vorinformation, die Sie vom Kunden haben, oder anhand der Informationen, die Ihnen der Kunde im Gespräch selbst gibt.

Teilergebnisse sichern

Ein weiterer Grund, warum manche Verkäufer Angst vor dem Abschluss haben: Für sie gipfelt das Verkaufsgespräch in der einen alles entscheidenden Frage: *»Kaufen Sie ...?«* Dabei ist die Kaufentscheidung keine »große, einsame Entscheidung«, sondern das Ergebnis vieler Teilentscheidungen, die der Kunde im Verlauf des Gesprächs trifft. Also sollten Sie diese Teilentscheidungen gezielt einholen – auch um sich zu versichern, ob Sie noch auf dem richtigen Weg zum Abschluss sind.

Dies geht ganz einfach: durch Bestätigungsfragen! Nehmen wir das Beispiel Verkauf von Urlaubsreisen. Hier kann eine Verkäuferfrage lauten: *»Entspricht Südspanien Ihren Vorstellungen oder* *würden Sie lieber in ein anderes Land fliegen?«* Antwortet der Kunde: *»Lieber nach Zypern«*, dann könnte die Anschlussfrage lauten: *»Entspräche dann eher dieses kleine Hotel im Landesinnern oder dieses Hotel am Strand Ihren Vorstellungen?«* Sagt der Kunde *»Das Hotel am Strand«*, kann der Verkäufer weiterfragen: *»Ist auch der Preis von 5000 Euro für Sie okay?«* So kann der Verkäufer den Kunden Schritt für Schritt zur Kaufentscheidung führen, so dass der letzte Schritt *»Das nehme ich«* nur noch eine kleine Hürde ist.

Und beim Verkauf von Lebensversicherungen kann der Verkäufer fragen: *»Bevorzugen Sie eher diese Kapitalanlage, bei der Sie keinerlei Risiken eingehen, aber auch eine etwas niedrigere Rendite haben? Oder eine Anlageform, die Ihnen wahrscheinlich mehr Rendite bringt?«* Bevorzugt der Kunde das sichere Produkt, kann die Anschlussfrage lauten: *»Entspräche eine Lebensversicherung Ihren Vorstellungen, bei der Sie monatlich einen Festbetrag einzahlen und mit 65 ...«*

Vorzüge von Alternativen

Wichtig ist es, dem Kunden die Alternativen so zu präsentieren, dass er deren Vorzüge sieht. Nehmen wir das Beispiel Autokauf: Hier kann der Verkäufer zum Beispiel fragen: *»Sie suchen also einen Wagen für eine große Familie. Da haben Sie in unserem Van mit bis zu acht Personen komfortabel Platz, und Ihr Urlaubsgepäck passt da auch noch rein. Ist das für Sie interessant?«* Erst wenn der Kunde dies bejaht, geht der Verkäufer zum nächsten Punkt: *»Davon gibt es zwei Varianten: die günstigere Standardausführung und die Luxusausführung mit dem stärkeren 140-PS-Motor, der jeden Alpenpass spielerisch packt und eine Sitzheizung hat. Was bevorzugen Sie?«* Antwortet der Kunde, dass er auf einen solchen Schnickschnack wie eine Sitzheizung verzichten kann, ist das kein Beinbruch. Ganz im Gegenteil, vielmehr die Chance, nachzuhaken: *»Worauf legen Sie besonderen Wert? Zum Beispiel auf Sicherheit? Beinfreiheit? Oder geringen CO_2-Ausstoß?«*

Der Vorteil dieses Vorgehens: Der Kunde trifft im Verlauf des Gesprächs viele Teilentscheidungen. Entsprechend leicht fällt ihm dann am Schluss auch die Entscheidung: *»Ja, das kaufe ich.«* Denn sie ist die logische Konsequenz der vielen positiven Teilentscheidungen, die er zuvor traf.

Verbindlich ist höflich

Wenn Sie so vorgehen, für den Kunden das passende Angebot gefunden haben, dann können Sie auch beruhigt nach dem Vertragsabschluss fragen. Denn dann empfindet der Kunde Ihre Frage nicht als Drängeln. Warum auch? Alle Fragen sind geklärt. Warum also länger um den heißen Brei herumreden?

Sie sollten den Kunden jedoch nicht plump fragen: *»Wollen Sie jetzt kaufen?«* Fassen Sie vielmehr zunächst das Ergebnis Ihres Gesprächs zusammen. Zum Beispiel in der Form: *»Also aus meiner Warte haben wir mit diesem Van das optimale Auto für Sie gefunden. Er bietet acht Personen Platz, hat viel Stauraum und entspricht Ihren Preisvorstellungen.«* Stimmt der Kunde zu, fragen Sie bitte: *»Wann darf ich den Wagen für Sie bestellen?«* Oder noch offensiver: *»Bis wann wollen Sie Ihren neuen Wagen haben? Sind sechs Wochen okay?«* Freundliche Verbindlichkeit: Nicht *ob*, sondern *wie, wann* oder *wie viel!*

Solche Fragen signalisieren dem Kunden: Jetzt machen wir Nägel mit Köpfen. Hierzu sind diese auch bereit, wenn sie das Gefühl haben: *»Das ist genau das passende Produkt«* und *»Meine Fragen sind geklärt«*. Wenn Sie jedoch zu lange zögern, die Kaufentscheidung des Kunden einzufordern, irritieren Sie ihn. Denn dann entsteht bei ihm der Eindruck: *»Der Verkäufer zögert, ist selbst unsicher. Da stimmt doch etwas nicht.«* Signalisieren Sie Ihrem Kunden, dass Sie sicher sind, indem Sie ihn aktiv zur Kaufentscheidung führen.

Dessen ungeachtet kann es passieren, dass der Kunde zunächst Nein sagt, wenn Sie fragen: *»Wollen wir den Vertrag jetzt ausfüllen?«* Oder er antwortet: *»Ich bin mir noch nicht sicher.«* Wenn der Kunde jetzt noch unsicher ist, sollten Sie dringend wissen warum. Meist formuliert der Kunde dann eben auch Einwände, die Sie zuvor nicht ausreichend beachtet und zur rechten Zeit durch Bestätigungsfragen provoziert haben. Zum Beispiel: *»Ich glaube, die Reise ist mir doch zu teuer.«* Also war es im Verlauf des Gespräches schon einmal so, dann nicht mehr und jetzt leider wieder. Schade, dass hätten Sie bemerken müssen.

Schildern Sie dann noch einmal kurz die Vorzüge der Reise. Ist der Preis jetzt immer noch zu hoch, sagen Sie: »*Wenn der Preis jedoch Ihr Reisebudget übersteigt, dann können wir jetzt gleich nach einem anderen Angebot schauen.*« Das heißt allerdings auch, Sie steigen erneut in den Verkaufsprozess ein. Die Kundin kann auch sagen: »*Ich bin unsicher, ob meinem Mann das Ziel zusagt.*« Eine mögliche Antwort: »*Das verstehe ich. Am besten reden Sie mit Ihrem Mann darüber. Wollen Sie ihn gleich von hier aus anrufen oder lieber heute Abend mit ihm sprechen? Ich reserviere die Plätze dann für Sie und wir können morgen früh alles in Ruhe buchen. Ist das okay für Sie?*« Wichtig ist, dass Sie am Ball bleiben und mit dem Kunden eine verbindliche Absprache treffen, wie es weitergeht.

»Nein« heißt nicht »nie«

Viele Verkäufer übersetzen das Wörtchen Nein des Kunden mit Nie. Dabei bedeutet ein Nein meist lediglich, dass der Kunde »so nicht« oder »jetzt nicht« kaufen möchte. Das sei an einem Beispiel illustriert. Ein Kunde möchte ein paar Wanderstiefel kaufen. Über Farbe, Größe und Anforderungen an die Wasserdichte ist er sich schnell mit dem Verkäufer einig. Und nach längerem Anprobieren hat er auch ein Modell gefunden, das wie angegossen sitzt. Trotzdem erwidert er auf die Verkäuferfrage, ob er die Schuhe einpacken soll: »Nein.« Was meint der Kunde damit? Will er die Schuhe grundsätzlich nicht haben? Möglich, aber nicht wahrscheinlich. Wahrscheinlicher ist, dass er noch unsicher ist: Sind die Schuhe vielleicht doch etwas teuer? Oder: Sind sie auch noch bequem, wenn man sie länger trägt? Deshalb fragt ein geübter Verkäufer zum Beispiel nach: »*Möchten Sie die Schuhe für einen unverbindlichen Test mit nach Hause nehmen? Dann können Sie prüfen, ob sie wirklich gut passen.*« Antwortet der Kunde »*Das ist eine gute Idee*«, dann ist der Verkaufsprozess bereits einen Schritt weiter.

Auch dann, wenn der Kunde sagt »*Eigentlich sind mir die Stiefel zu teuer*«, ist das kein Beinbruch. Denn nun weiß der Verkäufer, woran die Kaufentscheidung hängt, und er kann auf diesen Einwand zum Beispiel erwidern: »*Ich verstehe, dass Sie auf den Preis achten. Bitte bedenken Sie: Diese Schuhe sind aus extrem hochwertigen Materialien und Sie werden sich garantiert 20 Jahre lang daran erfreu-*

en. So gesehen sind sie sogar günstig.« Schon ist der Verkaufsprozess wieder offen.

Das Beispiel zeigt Ihnen: Ein Nein des Kunden ist selten absolut und endgültig. Der Kunde ist einfach noch nicht vollständig überzeugt, die Vorteile und der persönliche Nutzen sind für ihn noch nicht greifbar oder attraktiv genug. Dies bedeutet noch lange kein Aus im Verkaufprozess – zumindest dann nicht, wenn Ihr Produkt dem Bedarf des Kunden entspricht. Das finden Sie schnell heraus: Durch Fragen nach dem Kaufmotiv, regelmäßige Bestätigungsfragen im Gespräch und rechtzeitig zum Abschluss die alles entscheidende Frage nach dem Wann, Wie, Wieviel usw. – nur bitte nicht nach dem Ob.

Nachwort: Am Ende bleibt die Lust

Wir sind am Ende angelangt. Sie haben alles erfahren, was Sie brauchen, und wissen, worauf es ankommt. Nun liegt es allein in Ihren Händen, was Sie daraus machen.

Rückblick

Zunächst ging es uns darum, die Bedeutung von Emotionen in unserem Leben richtig einzuordnen: als Triebfeder unseres Verhaltens, als Ursache von Freud und Leid, als wohl größtmöglichen Erfolgsfaktor, wenn es darum geht, Menschen mit Glaubwürdigkeit, echter Begeisterung, purer Leidenschaft und fast schon unwiderstehlicher Überzeugungskraft zu beglücken.

Dann haben Sie erfahren, warum Ihre eigenen Emotionen für Sie selbst, für Ihren Erfolg und Ihre gesamte Lebensqualität so wichtig sind – wie Sie diese ganz einfach gezielt beeinflussen, positiv aktivieren und für den erfolgreichen Umgang mit Menschen nutzen können. Denn Ihre Gefühle übertragen sich, sind die allerbeste Grundlage für einen richtig schnellen Sympathie- und Vertrauensaufbau – eben genau das, was wirklich zählt!

In den drei Know-how-Stufen Basics, Profi und Champion des PowerSprache-Systems schließlich lernten Sie das Glücksquadrat, den Erfolgskreislauf und die vielen Facetten mächtiger PowerSprache kennen, erlangten Stück für Stück das Wissen und die beruhigende Sicherheit, diese faszinierenden Praxistools erfolgreich anwenden zu können.

Fazit: Emotionen spielen in unser aller Leben eine große, in den entscheidenden Momenten sogar die Hauptrolle. Sie sind daher unser Erfolgsinstrument Nr. 1. Umgekehrt reduzieren sie schnell unsere Lebensqualität und werden zur Karrierebremse, wenn sie falsch oder gar nicht eingesetzt werden. Gerade in der scheinbar unpersönlichen, schnelllebigen Welt von heute und morgen wird es immer wichtiger, mit den eigenen Emotionen und denen anderer Menschen bewusst, gezielt und positiv umgehen zu können. Wer dies kann, wird seine privaten wie beruflichen Ziele schneller und mit deutlich mehr Leichtigkeit erreichen – so wie Sie als echter Gefühls- und Beziehungsmanager!

Jetzt zählt nur noch eines: Ihr Handeln, Ausprobieren und Tun. Wagen Sie, was Sie bisher nur zu denken und träumen wagten. Nutzen, erleben und genießen Sie Emotionen als Erfolgsfaktor!

Und gönnen Sie sich einfach gute Gefühle auf Dauer: Bestellen Sie unter *www.ingovogel.de* unseren spannenden, kostenlosen Newsletter.

Also: Worauf haben Sie und wem schenken Sie jetzt Lust?

Literaturempfehlungen

Bandler, Richard / Donner, Paul: *Die Schatztruhe: NLP im Verkauf.* Paderborn 1995

Bandler, Richard / La Valle, John: *Die Schatzkammer des Erfolgs.* Paderborn 1998

Bandler, Richard: *Veränderung des subjektiven Erlebens.* Paderborn 1987

Bettger, Frank: *Erlebte Verkaufspraxis.* München 1996

Birkenbihl, Vera: *Kommunikationstraining.* Landsberg am Lech 1998

Blanchard, Kenneth / Bowles, Sheldon: *Wie man Kunden begeistert.* Hamburg 1994

Enkelmann, Nikolaus: *Charisma.* Landsberg am Lech 2000

Goleman, Daniel: *Emotionale Intelligenz.* München 1997

Klein, Stefan: *Die Glücksformel.* Hamburg 2002

Lelord, Francoise: *Hektors Reise oder die Suche nach dem Glück.* München 2004

Peters, Thomas / Waterman, Robert: *Auf der Suche nach Spitzenleistungen.* München 1994

Rückerl, Thomas: *NLP in Action.* Paderborn 1997

Tracy, Brian: *Thinking Big.* Offenbach 1998

Vogel, Ingo: *Personal Way.* München 1999

Vogel, Ingo: *So reden Sie sich an die Spitze.* München 2000

Vogel, Ingo: *So verkaufen Sie sich richtig gut.* Berlin 2003

Walther, George: *Sag, was du meinst, und du bekommst, was du willst.* Düsseldorf 1995

Stichwortverzeichnis

Abschluss 193
Absicht 163
Alltagsfloskeln 112
Anerkennung 55
Angleichen 156, 174
Ankerstelle 118
Antworten 183
Aufmerksamkeit 155
Augen 80, 132
Augenbewegungen 171
Augenmuster 168
Äußerlichkeiten 69
Aussöhnung 45
Aussprache 127
Ausstrahlung 185

Bedarfsanalyse 140
Befehle, versteckte 172
Betonungen 123
Beziehung 120, 156, 159
Bigtalk 179
Blickkontakt 134, 174
Blickrichtungen 168
Botschaften, versteckte 172

Charisma 18, 91, 133, 173

Dankbarkeit 56
Denken 65

Einstellung 73
Einstimmung 154
Emotionale Big Points 173
Emotionale Kompetenz 85
Emotionale Sprache 99
Emotionen 16, 20
Entscheidungsfreude 49
Entschlossenheit 174
Erfolgskontrolle 83
Erfolgskreislauf 62
Erlebnis 189
Erster Eindruck 67, 120

Fachkompetenz 90
Fairness 55
Feedback 83, 174
Fitness 53
Fragen 135, 190
– Alternativfrage 142
– Bestätigungsfrage 142, 195

– Geschlossene Frage 142
– Informationsfrage 142
– Konditionalfrage 143
– Offene Frage 142
– Suggestivfrage 143
Fremdbeeinflussung 104
Freundlichkcit 55
Führen 121, 160

Gedanken 186
Gefühle 186
Gefühlsmanager 90, 96
Geheime Botschaften 162
Gemeinsamkeiten 80
Gesprächspartner 187
Glaubwürdigkeit 51, 64, 131
Glücksquadrat 62, 92
Grenzen 163
Gute Gefühle 173

Handeln 58
Herausforderung 50
Herzliche Begrüßung 102
Humor 56

Information 163
Innere Einstellung 8, 21, 37, 79, 89, 99, 120, 154

Kaufmotive 138
Kaufsignale 83, 120, 159
Kommunikation 81, 121
Körpersprache 17, 24, 70, 130, 186
Kundenbedürfnisse 140

Lautstärke 128
Lebensqualität 36, 51
Leichtigkeit 51
Letzter Eindruck 67, 71
Liebe 54
Lob 55
Lust-Faktoren 35
Lust-Killer 33

Macht der Worte 103
Magic Words 99, 122, 145
Mimik 131, 133, 174

Negative Aussagen 113
Neugier 43
Nutzensprache 144

Pausen 126
Performance 89
Performance-Tools 123
Persönlichkeit 188
Positionieren 28
PowerSprache 100
PowerSprache-Basics 87
PowerSprache-System 18, 61, 87
Prioritäten 47

Regeln 163
Respekt 44

Satzlänge 126
Schlagfertigkeit 180
Selbstbeeinflussung 104
Selbstbewusstsein 39, 97
Selbstbild 25, 38
Selbsteinschätzung 110
Selbst erfüllende Prophezeiung 40
Selbstironie 56
Selbstmarketing 97
Sinneslastigkeit 165
Sinnessystem 165

Sprache 17, 24, 81, 110
Sprechtempo 128
Stärken 51
Stimmungswechsel 160

Teilentscheidungen 139, 141
Teilergebnisse 195
Toleranz 44
Tonalitäten 129

Umdeutungen 148
»Und« 116
Unspezifische Substantive 163
Unspezifische Verben 163
Unwörter 111
Urvertrauen 40

Verallgemeinerung 164
Veränderung 50
Verbindlichkeit 78, 174
Verdrängungswettbewerb 84
Verführung 16
Vergleiche 164
Verhalten 65
Verkaufen 86
Verkäufer 20, 74, 86
Verkaufsgespräche 137
Vertrauen 80, 84, 131
Vitalität 53
Vorfreude 56

Wahrnehmung 41, 66, 155, 174
Werte 46

Ziele 10, 47, 194
Zufriedenheit 51
Zuneigung 54

Über den Autor

Ingo Vogel ist Rhetorik- und Verkaufstrainer. Nach vielen Jahren Profisport und einem Ingenieurstudium war er fast zehn Jahre im Vertrieb erklärungsbedürftiger, beratungsintensiver Produkte und Dienstleistungen tätig. 1997 gründete er das Unternehmen *Ellwanger & Vogel,* im Jahr 1999 wurde *Ingo Vogel-Seminare* als eigenständiges Unternehmen ausgegliedert.

Die Medien berichteten ausführlich unter anderem über Ingo Vogels Emotionale Verkaufsrhetorik®, sein Power-Sprache-System® und ATTRACTING®. Vogel ist gefragter Gast in Printmedien, Radio und TV sowie bekannter Redner auf Großveranstaltungen. Europaweit trainiert er Führungskräfte, Berater und Verkäufer namhafter Unternehmen in den Bereichen Verkaufsrhetorik und PowerSprache – aus echter Überzeugung und mit großer Leidenschaft.

Als Bestsellerautor hat Ingo Vogel bereits mehrere Bücher veröffentlicht:

Personal Way – Der persönliche Weg zum Lebenserfolg. München 1999

So reden Sie sich an die Spitze – Sprache als Erfolgsinstrument. München 2000

So verkaufen Sie sich richtig gut – Erfolgreich durch Selbst-PR. München 2003

Passend zum Thema des Buches bietet Ingo Vogel das Seminar »Emotionale Verkaufsrhetorik – Emotionen als Verkaufsfaktor« an (offen / inhouse).

Kontakt:

Ingo Vogel-Seminare
Rüderner Str. 37
73733 Esslingen
Fon: +49 (0) 711 / 76 76 – 303
Fax: +49 (0) 711 / 76 76 – 433
Homepage: *www.ingovogel.de*
E-Mail: *info@ingovogel.de*